DESCUBRIENDO

QUE HAY EN TI

MYRIAM SALDAÑA

Título: Descubriendo la reina que hay en ti
Copyright © 2023 Myriam Saldaña
Todos los derechos reservados

Edición: Karim Mackey
Revisión: Elizabeth Oliveros, Terry Nieves y Sylvette Rodríguez
Diseño y diagramación interna: Karim Mackey
Casa publicadora: Artygraphic www.artygraphic.com

No se autoriza la reproducción de este libro, ni partes de este en forma alguna, ni tampoco que sea archivado o transmitido por ningún medio electrónico, mecánico, fotocopia, grabación u otro, sin permiso previo escrito del autor, con excepción de lo provisto por las leyes de derecho de autor de los Estados Unidos de Norteamérica.

ISBN: 9798860773271

Impreso en Estados Unidos de América

Dedicatoria

A mi amada hija, Sarai.

Te di ese nombre, porque significa "princesa", y hoy tengo la bendición de ver la reina que Dios ha sacado de ti.

Me llena de satisfacción verte convertida en una mujer ejemplar. Tus desafíos los has enfrentado con gracia y resiliencia. Eres inteligente, cordial, compasiva y posees una fortaleza interior admirable.

Gracias por ser mi ayuda, mi apoyo y mi inspiración.

Descubriendo la reina que hay en ti – Myriam Saldaña

Agradecimientos

Quisiera comenzar agradeciendo a mi mamá Nelly Girona, una reina que ya no está con nosotros, pero que sirvió de inspiración para muchas mujeres. La reina de mi vida, quien aun con pocos recursos materiales me llenó de riquezas intangibles que han permanecido en el tiempo. Tesoros que siempre serán parte de mí. Ella fue mi mejor maestra, mi mentora, mi amiga y modelo a seguir y por eso la honraré por siempre.

También quiero reconocer a la Pastora Sylvette Rodríguez, una hija espiritual que se desarrolló en casa y a quien he visto crecer de cerca en el Señor. Gracias por su dedicación e invaluable apoyo; por ser una de esas reinas que se caracterizan por su carácter determinación y compromiso. Extiendo mi sincera gratitud a Tery (Myriam Nieves), por su excelencia e integridad como líder y miembro de nuestro personal.

Contenido

Introducción	9
Capítulo 1 .... El polvo que cubrió tus sueños	17
Capítulo 2 .... Naturaleza vs. identidad	33
Capítulo 3 .... Verdades que cambian tu destino	45
Capítulo 4 .... La realeza fundada en la Roca	57
Capítulo 5 .... De esclava a reina	70
Capítulo 6 .... Transformada para producir cambios	85
Capítulo 7 .... El poder y la autoridad de una reina	97
Capítulo 8 .... Preparadas para reinar	109

Introducción

Siempre he tenido un profundo deseo de ver a las mujeres de este tiempo levantarse a las alturas que Dios quiere elevarlas. Para mí este llamado va más allá de hacer brillar los ojos del alma que escucha, con una palabra que se olvida fácilmente. Se trata de capacitar, de infundir Palabra de Dios en la profundidad espiritual de cualquier corazón dispuesto a ser cambiado para producir los cambios que Dios quiere establecer en nuestra realidad actual.

Si tú eres una de estas valiosas mujeres, este libro está dedicado a ti. Mi corazón se llena de gozo al pensar que con mi servicio estoy colaborando con el Creador de todas las cosas para transformarte en una reina imparable que seguirá allanando el camino para las generaciones venideras. Confío que este libro te ayudará a convertirte en una mujer de reino que se atreve a romper barreras, destruir estereotipos y causar cambios necesarios en nuestra sociedad.

Mi legado para ti es ayudarte a desarrollar la valentía y la determinación que necesitas para marcar una diferencia en este mundo, para que tengas la sagacidad del águila y puedas llegar al destino que el

Descubriendo la reina que hay en ti – Myriam Saldaña

Rey de reyes tiene para ti. Estoy agradecida a Dios por permitirme servirle de esta forma y por el legado que tú también dejarás.

La mayoría de las niñas en algún momento de sus vidas soñaron con llegar a ser una princesa. Una princesa que se casaría con un príncipe y por ende llegaría a ser Reina. Jugar con tiaras, vestidos y joyas de plástico hacen que las niñas se identifiquen más con la fantasía de sus juegos y se den la libertad de experimentar un estilo de vida lleno de privilegios imaginarios. En este hermoso mundo de los niños, es muy fácil vivir en un palacio que ofrece banquetes, coronaciones y bailes, en grandes salones lujosamente decorados. Lo peor que puede pasar en esta ilusión es que el villano te persiga o te encierre en una torre por unos minutos, hasta que un valiente príncipe llega a rescatarte.

Los juegos de princesas promueven optimismo y una plenitud de vida que es natural desear. Disfruto ver a las niñas jugando con sus coronas y sentirse especiales de solo tenerlas en sus manos. Me conmueve ver el brillo de emoción en los ojos de una niña convaleciente, que a pesar de haber perdido su cabello se siente hermosa porque le han puesto una corona sobre su cabeza. Todas ellas son princesas porque le pertenecen a Dios. Dejemos que disfruten

El polvo que cubrió tus sueños

de esa fantasía que quizá nosotras compartimos alguna vez.

Algunas personas condenan los juegos de princesas porque piensan que, detrás de sus historias, se encuentra un mensaje sexista, estereotipado y que valora la belleza externa por encima de cualquier otra cualidad. Además, según ellos, reducen el valor de la mujer porque no son capaces de resolver sus propios problemas, sino que dependen de un hombre que lo haga por ellas. ¡Las dinámicas de estos juegos de niños no se enfocan en estas cosas! Es verdad que la belleza externa y la delicadeza de las princesas se resalta, pero, los niños crecen, maduran, y en el proceso la mayoría logra desarrollar una percepción más profunda sobre el ser humano en general. Esta percepción radical es vendida como una verdad a medias; algo parecido a la estrategia que usó Satanás para engañar a Eva y hacerla caer en su trampa.

En primera instancia, los estereotipos o modelos de conducta los recibimos al rodearnos de otras personas. Si los padres decidieran no educar a los hijos, ni enseñarles las cualidades conductuales que en algún momento serán parte de su personalidad, el mundo y su decadencia harán el trabajo por ellos. Claro que esto es un tema complejo, pero básicamente, parte de la responsabilidad de los padres es

Descubriendo la reina que hay en ti – Myriam Saldaña

educar y modelar con su ejemplo las cualidades que desean que sus hijos tengan.

Es verdad que las princesas y los príncipes de las historias populares no son reales, pero en el mundo sí hay mujeres de excelencia y hombres de honor que saben amar de verdad. Así que, mientras el tiempo va creando la distancia entre esta fantasía y la realidad que nos toca vivir, lo importante es aprender a reconocer los atributos de este tipo de personas. Al identificar esto, podemos entonces desarrollarnos y compartir la plenitud que Dios nos permite alcanzar, a medida que nuestra fe se robustece.

Es verdad que en los cuentos la mayoría de las princesas y las reinas buenas son hermosas, sumisas y con un carácter pasivo. Pero en la vida real sabemos que las características de las princesas y las reinas que todavía existen dependen de sus creencias, su personalidad y entorno sociocultural, entre otras cosas.

Cuando dejamos de ser niñas, llega un momento en el que ya no queremos parecernos a la ilusión de nuestra infancia. Madurar nos hace ver la vida desde un lente más realista y dejamos la fantasía que se enfoca en lo superficial.

El reino de Dios es de amor, servicio y entrega. No se trata de ser atendidas todo el tiempo, ni de caminar

El polvo que cubrió tus sueños

en las nubes o por caminos cubiertos con pétalos de rosas, porque somos reinas.

Aprendemos que este reinado es más un deber que un derecho. Es poner en práctica los atributos de una reina contemporánea. Esa que se sube las mangas y se dispone a hacer lo necesario. Mira lo que hizo el Rey de reyes, que se despojó de su gloria para venir a este mundo vivir como uno de nosotros; pero no se quedó ahí, sino que ascendió nuevamente a su lugar. Las reinas contemporáneas representan un concepto hermoso y a la vez extraordinario. Son mujeres que se atreven a ser diferentes y a marcar una diferencia en su entorno, porque han asumido una nueva identidad en Jesús. Las mentiras que pudiste haber creído sobre tu persona desaparecen, ante la verdad latente de una nueva naturaleza, en proceso de santificación. **Dios te hace sentir realizada, porque cuando te despojas de lo superficial, entonces Él puede trabajar en lo interno.**

"El Señor es mi fuerza y mi escudo; mi corazón en él confía; de él recibo ayuda. Mi corazón salta de alegría, y con cánticos le daré gracias" Salmo 28:7, NVI.

En la Biblia tenemos varios ejemplos de princesas y de mujeres ejemplares que podríamos verlas como tal, porque se destacaron en la historia gracias a algún atributo especial. Por ejemplo, la lealtad de Ruth, la tenacidad y el compromiso de Rizpa, la valentía y la

Descubriendo la reina que hay en ti – Myriam Saldaña

obediencia de María, la madre de Jesús, y la valentía y la determinación de Ester, e incluso el temple de Vasti, quien, por haber defendido su dignidad de mujer fue injustamente destituida de su posición de reina. Yo entiendo que Dios es intencional y la relevancia bíblica de estas princesas o reinas es un indicativo de que nuestro Padre, el Rey de reyes, está interesado en que adoptemos estos atributos, para desarrollarnos como Sus princesas y Reinas de nuestro hogar.

Desde tiempos antiguos la mujer se ha enfrentado a una sociedad discriminatoria que, aún persiste en limitar su potencial. En la actualidad muchos reconocen que los hombres y las mujeres son esencialmente pares, sin embargo, esto no es un factor determinante para evitar un trato desigual.

A lo largo de la historia podemos ver mujeres esforzadas y valientes que han provocado cambios trascendentales en el mundo. Algunas de ellas destacadas públicamente por sus logros y otras desde la quietud de su hogar, han logrado influenciar nuestra sociedad; ofreciendo así, oportunidades más justas y equilibradas en nuestro mundo actual. No podemos hacernos los ciegos y decir que la vida moderna ofrece los mismos recursos y posibilidades para todas las personas. Pero ciertamente, gracias al esfuerzo de millones de mujeres persistentes y dedicadas, el

El polvo que cubrió tus sueños

terreno es mucho más plano que en décadas anteriores. Frecuentemente en la Biblia podemos reconocer mujeres que se destacaron por sus roles influyentes. Sin embargo, no es común verlas en posiciones de gobierno y liderazgo, ya que el entorno sociocultural no lo veía adecuado. Sin embargo, la historia habla sobre Débora, por ejemplo, quien dirigió con éxito al pueblo de Israel (ver Jueces 4:1 hasta 5: 31) y recibió la autoridad y la bendición de Dios. En la actualidad también hemos visto a mujeres que han gobernado con éxito en sus países. Por esta razón podemos pensar que, si este es nuestro llamado y nos capacitamos en esta área, las mujeres no solo somos aptas para gobernar, sino para hacerlo con excelencia. Incluso, podríamos especular que Dios nos quiere en posiciones de poder, influencia y decisión. *"...pues no hay autoridad que Dios no haya dispuesto, así que las que existen fueron establecidas por él"* Romanos 13:1, NVI

¡Es una época significativa para la mujer! Después de siglos de silencio, en los que las mujeres fueron relegadas al papel como madres y amas de casa, finalmente en el siglo 20, después de años de lucha, la mujer logró asumir un papel con mayor injerencia en la sociedad. Los cambios sociales logrados en el siglo pasado tendrán un mayor impacto durante el siglo 21, el cual ha sido señalado como "El siglo de las mujeres". Lo cual significa que tenemos que estar preparadas para seguir conquistando. Te invito a que aprendas a convertirte en una poderosa mujer de influencia, para lograr cambios positivos en tu casa y en tu entorno. Tu casa es tu palacio. El mundo necesita reinas contemporáneas que estén llenas del linaje de Dios. Esas mujeres virtuosas, capaces, valientes, sabias, prudentes y con la tenacidad característica de las hijas del Padre. ¡Esa reina está en ti! ¿Estás lista para descubrirla?

"Mas vosotros sois linaje escogido, real sacerdocio, nación santa, pueblo adquirido por Dios, para que anunciéis las virtudes de aquel que os llamó de las tinieblas a su luz admirable" 1 Pedro 2:9, NVI.

Capítulo 1
El polvo que cubrió tus sueños

La vida está llena de sorpresas, de altos y bajos que debemos aprender a manejar. Muchas veces tenemos que enfrentarnos a situaciones, que parecen ser desiertos con tormentas de arena, las cuales terminan cubriendo nuestros sueños, y los entierran en la profundidad de nuestra decepción. Allí, en ese lugar frío y oscuro no hay entusiasmo que los reviva. La rabia, la tristeza y la frustración, solo hacen que la arena ahogue la esperanza, que alguna vez tuvimos de hacerlos realidad.

Nos sentimos decepcionados cuando la ilusión de algo concreto se desvanece, al no cumplir con las expectativas que nos planteamos, o cuando sucede exactamente lo opuesto a lo que deseábamos. El dolor que sentimos en medio de nuestros procesos y circunstancias es real, pero poco constructivo, porque perdemos el enfoque que necesitamos para aprender de la experiencia, debido a que nos concentramos en lo que no pudimos alcanzar o realizar.

No existe una vacuna contra el dolor, es parte de nuestra composición humana, pero sí podemos entregar la carga de ese dolor a Jesús. Él puede entender nuestro sufrimiento y nos consuela. La Biblia dice que la paz que Dios da sobrepasa todo entendimiento. En Dios, incluso nuestro dolor tiene propósito. Puede ser que contribuya a refinarnos espiritualmente, o a desarrollar la compasión que necesitamos, para ser eficaces en el desempeño de nuestro ministerio. A través de Jesús, Dios es glorificado. *"Yo les he dicho estas cosas para que en mí hallen paz. En este mundo afrontarán aflicciones, pero ¡anímense! Yo he vencido al mundo"* Juan 16:33, NVI.

Nadie dijo que la jornada sería fácil. Sobre decepciones y sueños enterrados podría contar una que otra historia. Pero lo importante, en medio de estos procesos, no son las derrotas, sino saber manejar las emociones que se activan, para que no interrumpan indefinidamente nuestra capacidad de soñar.

Piensa por un momento en ese desierto que te tocó atravesar, en las tormentas de arena que redujeron tu visibilidad y enterraron tus sueños en un lugar que no puedes encontrar. Algunos de éstos quizás ya no sean realizables, pero Dios sigue agitando el espíritu y te guía hacia lo que sí puedes lograr. Si ese sueño que quedó enterrado es parte de tu propósito, Él lo desenterrará, le quitará el polvo, le

El polvo que cubrió tus sueños

devolverá la vida y te hará recordar lo que Dios depositó en ti. Entonces, cuando decidas moverte en obediencia a Él, Su bendición te perseguirá y te alcanzará.

Las decepciones son procesos internos que toman fuerza cuando abrazamos un ideal que no se cumple, generalmente porque no tiene mucho sustento en la realidad. Es decir, cuando no vemos las cosas tal y como son, sino como queremos que sean. Esa perspectiva es la que nos lleva a obviar las limitaciones que tenemos o a subestimar nuestra fortaleza.

Las expectativas que nos creamos sobre nuestros sue-ños y metas deben estar bien sustentadas. Esto no garan-tiza que logremos todo lo que queramos, pero sí reduce el riesgo de nuestras acciones. Es posible que situaciones

Lo importante en medio de procesos difíciles no son las derrotas, sino saber manejar las emociones que se activan.

imprevistas retrasen tu obje-tivo, o incluso que impidan que logres algo; pero cuando somos diligentes, aun si sucede lo contrario a lo que esperamos, podremos manejar la decepción de una forma más productiva y balanceada. El dolor es inevitable, pero cuando podemos encontrar razones para regocijarnos en el Señor, aun en medio de nuestras decepciones, preparamos una atmósfera espiritual que mantendrá sanos nuestra mente y corazón. La Palabra dice *"Alégrense siempre en el Señor. Insisto: ¡Alégrense! Que su amabilidad sea evidente a todos. El Señor está cerca. No se inquieten por nada; más bien, en toda ocasión, con oración y ruego, presenten sus peticiones a Dios y denle gracias. Y la paz de Dios, que sobrepasa todo entendimiento, cuidará sus corazones y sus pensamientos en Cristo Jesús"* Filipenses 4:4-7, NVI.

Una actitud de agradecimiento se concentra en la grandeza de nuestro Señor y minimiza el impacto de nuestra aflicción. La hace más tolerable, porque sabemos que Dios tiene propósito para todo lo que ocurre, aprendemos a regocijarnos en profundidades espirituales, que no dependen de las circunstancias, sino de la certeza del respaldo de Dios. Eso nos llena de esperanza, amor y paz. *"De hecho, considero que en nada se comparan los sufrimientos actuales con la gloria que habrá de revelarse en nosotros"* Romanos 8:18, NVI.

Que no hayas logrado lo que alguna vez te propusiste, no significa que jamás lo harás. Tú tienes el poder de convertirte en la conquistadora de los

El polvo que cubrió tus sueños

sueños que Dios ha depositado en ti. La Palabra nos dice que Dios pone el querer como el hacer.

¡No dejes de soñar! Cuando lo haces tus sueños se convierten en pesadillas que tratan de convencerte de que no puedes lograr tus sueños, que el tiempo de soñar ya pasó, o que ya no tienes la energía para hacerlos realidad. Atrévete a decir "heme aquí, Señor" y verás como Él se encargará de resucitar los sueños enterrados.

La realidad que te convirtió en esclava

Las personas que nacen en esclavitud no tienen la capacidad de identificar opciones, ni decidir sobre su propia vida. Estas personas aun cuando obtienen la libertad, mantienen una mentalidad de esclavo, porque aprendieron a vivir de esa forma y necesitan de mucha ayuda para aprender a ser libres. Un ejemplo de esto es el pueblo judío cuando era esclavo en Egipto. Aun después de que Dios levantó a Moisés para sacarlos de la esclavitud, ellos mantuvieron esa mentalidad de esclavos por años. *"Entonces le reclamaron a Moisés: —¿Acaso no había sepulcros en Egipto, que nos sacaste de allá para morir en el desierto? ¿Qué has hecho con nosotros? ¿Para qué nos sacaste de Egipto? Ya en Egipto te decíamos:*

Descubriendo la reina que hay en ti – Myriam Saldaña

"*¡Déjanos en paz! ¡Preferimos servir a los egipcios!*" *¡Mejor nos hubiera sido servir a los egipcios que morir en el desierto! —No tengan miedo —les respondió Moisés—. Mantengan sus posiciones, que hoy mismo serán testigos de la salvación que el Señor realizará en favor de ustedes. A esos egipcios que hoy ven, ¡jamás volverán a verlos!*" Éxodo 14:11-13, NVI. Ellos constantemente se vieron tentados por regresar a Egipto, porque ese era su "lugar seguro", aunque recibieran maltratos y trabajo esforzado. Eso era a lo que estaban acostumbrados, por lo tanto, no aspiraban a más. Sus mentes no se habían transformado, ni habían adoptado la nueva identidad de un pueblo libre, que confiara plenamente en Dios.

En el mundo contemporáneo, aunque la esclavitud como tal se ve en menos proporción que en la antigüedad, todavía existen muchas formas de esclavitud. Hay personas legalmente libres, pero son esclavos de sus circunstancias. Hay quienes nacieron en un lugar con posibilidades limitadas y piensan que cualquier oportunidad escapa de sus manos. Algunas personas crecieron en hogares opresores que los convencieron de tener poca valía, por lo tanto, no hacen ningún esfuerzo refutar la instrucción que recibieron. Otras personas tuvieron padres castrantes, que no los ayudaron a desarrollar independencia necesaria para valerse por sí mismos, o que los

El polvo que cubrió tus sueños

mantienen dominados con un látigo emocional, que convierte en culpa cualquier intento de ejercer independencia.

Las personas que nacen y crecen en hogares convencionales no están exentas de vivir en esclavitud. Muchas veces, de forma inconsciente, podríamos convertirnos en esclavos de las decisiones que tomamos o de las que dejamos de tomar, de la actitud que asumimos frente a las situaciones de la vida, o de las necesidades que no podemos satisfacer o controlar. Por ejemplo, el egoísmo tiene el potencial de convertirnos en esclavos de nuestras necesidades y ambiciones, porque se alimenta de las emociones de placer que la persona pueda recibir. Mientras más fuertes sea el efecto emocional, menos resistencia habrá frente a la esclavitud.

Las mujeres especialmente necesitamos sentirnos seguras. Llega un momento en el que pensamos que ya tenemos la estabilidad que queremos. Pero justamente eso se puede convertir en una trampa, que nos hace esclavas de ese sentido de comodidad, porque tratamos de defenderla **a cualquier precio**. La vida produce cambios, pero nosotras queremos que todo siga igual. No queremos aprender sobre nuevas realidades ni adaptarnos a éstas, sino que comenzamos a quejarnos.

En medio de situaciones difíciles, es posible que no encontremos razones para estar agradecidos con mucha facilidad. Pero para vivir una vida de gozo, paz, y contentamiento, es imprescindible aprender el secreto de reconocer las bendiciones que Dios nos ha dado. El espíritu de queja lo que hace es que te enfoques en las carencias que tienes y no en tus recursos para salir adelante, ni en las oportunidades que puedan presentarse, en medio de esta situación que te tocó vivir. Con esto no le estoy restando importancia a tu dolor, ni de ninguna forma pienso que los problemas que puedas estar enfrentando sean poca cosa. Lo que quiero decir es que esta actitud de queja te hace vivir esclava de la realidad que te tocó enfrentar, pero tú puedes decidir en este momento renunciar a esto. Pídele dirección al Señor, respira hondo, sécate las lágrimas y busca estrategias para resolver lo que sea que te esté ocurriendo. El agradecimiento nos mantiene enfocados en las bendiciones que tenemos y no en la insatisfacción de no contar con lo que creemos que necesitamos.

¿Te sientes víctima? Es probable que en algún momento de la vida sientas que no tienes otra opción sino depender de otro. Hay procesos y circunstancias que pueden provocar esta situación de vulnerabilidad, las cual podría ser permanente o temporal. Sin embargo, es tu responsabilidad actuar sobre lo que sí

El polvo que cubrió tus sueños

puedes controlar, y no eludir el compromiso personal sobre lo que te corresponde, tratando de esquivar o de transferir responsabilidades que sí puedes asumir.

Si evitas mirar tus propios errores y buscas culpables de lo que te sucede, no aplicarás medidas correctivas que te ayuden a no repetir situaciones que puedes prevenir. Si nunca asumes la responsabilidad que te corresponde sobre tu propia vida, estarás experimentando emergencias interminables que te desgastarán y te harán esclava de la desesperación. Estarás actuando de forma reactiva todo el tiempo, apagando fuegos que tu misma iniciaste. Buscar culpables no resuelve nada, el compromiso con tu bienestar solo lo puedes procurar tú.

Nuestra naturaleza vieja es esclava del pecado, pero cuando venimos a Cristo, somos liberados de este yugo. No importa qué fue lo que te hizo esclava, Jesús te hizo verdaderamente libre. Estás empoderada por el Espíritu Santo que vive en ti. Por Su poder puedes resistir el pecado y vivir en santidad. *"y libertados del pecado, vinisteis a ser siervos de la justicia"* Romanos 6:18, RVA 1960.

La esclavitud causada por el pecado o por cualquier otra realidad que te haya robado tu libertad ya fue abolida en lo espiritual. Levántate ahora y declara, con la responsabilidad que te corresponde, ¡Ya no soy esclava! ¡La gloria sea para el Señor!

"Ustedes fueron comprados por un precio; no se vuelvan esclavos de nadie" 1 Corintios 7:23, NVI. Deja que Su Espíritu Santo renueve tu mente para que aprendas a vivir en la libertad que Cristo vino a darte.

Mentiras que decidiste creer

La historia de Sansón y Dalila muestra cómo la decisión de Sansón de revelar el secreto de su fuerza le costó su libertad, y consecuentemente su vida. La persistencia de Dalila ejerció tal presión que él decidió decirle la verdad.

"Como todos los días lo presionaba con sus palabras, y lo acosaba hasta hacerlo sentirse harto de la vida, al fin se lo dijo todo. «Nunca ha pasado navaja sobre mi cabeza —le explicó—, porque soy nazareo, consagrado a Dios desde antes de nacer. Si se me afeitara la cabeza, perdería mi fuerza, y llegaría a ser tan débil como cualquier otro hombre»" Jueces 16:16-17, NVI.

En la vida estamos expuestos a diferentes presiones, que nos pueden convencer de actuar impulsivamente, porque ejercen influencia sobre creencias que adoptamos. No todas las creencias son malas, pero las mentiras que nos acosan y reducen

El polvo que cubrió tus sueños

nuestra alma a "mortal angustia" son de especial cuidado.

A continuación, algunas respuestas sobre mentiras comunes que decidimos creer:

No valgo nada: Tu valor no depende de lo que pienses de ti misma o de los que otros piensen de ti, sino que lo asigna Dios. *"¡Fíjense qué gran amor nos ha dado el Padre, que se nos llame hijos de Dios! ¡Y lo somos! El mundo no nos conoce, precisamente porque no lo conoció a él"* 1 Juan 3:1, NVI.

Estoy descualificada para servirle a Dios: Quizá un divorcio, las consecuencias de tus pecados, o alguna situación similar te haga sentir que no eres digna de servirle a Dios, pero esto es una mentira. Todos somos llamados a servir. *"Jehová redime el alma de sus siervos, Y no serán condenados cuantos en él confían"* Salmo 34:22, NVI.

No sirvo para nada: Dios tiene un propósito para cada uno de nosotros. *"Porque somos hechura de Dios, creados en Cristo Jesús para buenas obras, las cuales Dios dispuso de antemano a fin de que las pongamos en práctica"* Efesios 2:10, NVI.

Soy un caso perdido: Tú eres responsable por tus propias decisiones. El Espíritu Santo te muestra lo que debes cambiar, pero eres tú quien toma la decisión. Si eres una Hija de Dios, tú tienes el poder de dominar tu carne. *"Reconócelo en todos tus caminos, y él allanará tus sendas. No seas sabio en tu propia opinión; más bien, teme al Señor y huye del mal. Esto infundirá salud a tu cuerpo y fortalecerá tu ser"* Proverbios 3:6-8, NVI.

Ya no lo podré lograr: Dios respalda a quien llama. Si Dios ha puesto un deseo en tu corazón, seguramente te dio el don para realizarlo. No importa el tiempo o la edad que tengas *"Porque los dones y el llamamiento de Dios son irrevocables"* Romanos 11:29 NBLA.

Estas mentiras continuamente te traen a la mente recuerdos que te provocan tristeza, inyectándote pequeñas dosis de conflictos internos, que provocan reacciones que no han sido debidamente pensadas. Muchas de estas experiencias nos debilitan y nos hacen sentir pesados. Fácilmente podemos llegar a perder el vigor, el entusiasmo, e incluso, nuestra belleza interna.

Cuando perdemos la belleza interior no hay cirugía ni cambio de imagen que haga efecto. ¡La belleza comienza en el interior! Puedes tener un rostro estéticamente perfecto, pero que refleja la amargura del corazón. Puedes tener un cuerpo de Barbie y quejarte de que todo te queda mal. No estás vieja, pero te sientes así. Tu alma pesa tanto que no puedes volar.

"En el agua se refleja el rostro, y en el corazón se refleja la persona" Proverbios 27:19, NVI.

Es por esto que hay que aprender a reconocer las mentiras que decimos creer y confrontaras con la luz de la Palabra. Arrancar de raíz los hábitos y las costumbres de las tradiciones del pasado, las cargas que no nos pertenecen y las situaciones que no podemos cambiar. Debemos renunciar a la mentalidad de esclava, y a la mentalidad de queja que se enfoca en lo negativo, y establecer patrones de conductas más saludables y alineados a la Palabra de Dios.

Destinada al trono

Ester era una muchachita huérfana que creció en la austeridad, pero terminó convirtiéndose en la Reina de Persia.

La mayoría de las mujeres que conozco conserva la ilusión de sentirnos reinas. Es por esta razón por lo que aún de adultas nos siguen llamando la atención los palacios, la realeza, la nobleza y la aristocracia. Yo estoy totalmente convencida de que ese sueño de ser parte de la realeza ha sido implantado en nuestro ser por el mismo Creador. Para mí ¡esto viene de Dios! La fascinación con nosotros llegar a reinar es algo que está íntimamente ligado a nuestro destino divino. ¡Tu destino es el trono! ¿En qué sentido? En el sentido de que, si aceptas el reto de descubrir la reina que hay en ti, serás parte de las mujeres de propósito e influencia en nuestra sociedad.

Ester no sabía nada del protocolo de la corte, pero fue escogida. José no supo ser discreto con la revelación de Dios para su vida, pero no fue eliminado por eso. Aunque hoy seas parte de la minoría, o te encuentres en desventaja porque estas desempleada, divorciada, abandonada, desacreditada, con mal crédito, o con un historial poco prometedor, Dios te ha destinado al trono. Pero antes de comenzar la travesía hacia ese destino, es necesario despojarte de las mentiras que no te dejan actuar con libertad, aceptar el perdón, renunciar a la culpa y a todo lo que quiera convencerte de que no eres digna de esta posición de honor.

Después que termines con el proceso podrás darte cuenta de que la reina que hay en ti se destacará dondequiera que esté, te convertirá en una mujer de excelencia, con un espíritu que se eleva sin miedo, porque sabe que Dios la acompaña.

El polvo que cubrió tus sueños

Ahora mismo hay eventos sucediendo que cambiarán el curso de tu vida. Si no te has dado cuenta todavía, déjame decirte que Dios trabaja y se mueve detrás del telón. Él se mueve mientras tú sufres, mientras piensas que no puedes lograrlo, en tus crisis, y en medio de tu soledad. Dios no está dormido, Él estaba allí cuando Ester quedó huérfana y te acompaña en medio de cualquier adversidad.

Mientras sufres Él ordena eventos a tu favor. Recuerda cómo la experiencia de José en la cárcel, lo capacitó para posicionarse en la segunda posición de poder en el reino. En medio de tu adversidad, así como hizo con Ester, Él está creando una vacante en el trono que eventualmente tú ocuparás. Pero no podemos darnos el lujo de que llegue nuestro momento y nosotras no estemos listas.

No importa qué fue lo que te hizo esclava, Jesús te hizo verdaderamente libre.

¡Prepárate para el en-cuentro con tu destino! Ester tuvo todo un año de intensa preparación, para lucirla en una noche que cambió total-mente la realidad en que vivía y la impulsó a conquis-tar nuevas fronteras. Lo mejor de Ester no era compatible con lo del Palacio, su vestimenta no era apropiada para presentarse frente al rey. No importa lo refinada, educada, delicada que fuera, aun no llegaba al nivel de las expectativas del rey y sus cortesanos. Había que sacar a la Reina de dentro de la huérfana. Era necesario sacar de ella el olor a muchacha común, ordinaria, y plebeya.

De la misma forma hay que hacer relucir la reina que hay en ti, para que aprendas a reconocer y aprovechar los tiempos buenos y puedas manejar efectivamente tus emociones en los tiempos malos; de forma que tu resiliencia afinada te impulse a mayores logros.

"Me fijé que en esta vida la carrera no la ganan los más veloces, ni ganan la batalla los más valientes; que tampoco los sabios tienen qué comer, ni los inteligentes abundan en dinero, ni los instruidos gozan de simpatía, sino que a todos les llegan buenos y malos tiempos" Eclesiastés 9:11, NVI.

Capítulo 2
Naturaleza vs. identidad

Algunas personas pueden tener la sensación de vivir su realidad espiritual con cierto alejamiento. Es como si ellos mismos se convirtieran en observadores de su propia condición interior, pero no actúan sobre ella. Viven en un letargo que les hace plantearse realidades alternas, que los mueven hacia cualquier corriente espiritual que les parezca atractiva.

Nada de lo que aprecias en la vida tendría importancia si no estás consciente. Por ejemplo, si una persona se desmaya, pierde percepción de su entorno; no puede tomar decisiones ni actuar sobre estas, porque su estado de desconexión no se lo permite. Algo similar sucede en el plano espiritual. Cuando el discernimiento espiritual está adormecido es posible darse cuenta de algunas cosas que tienen un impacto significativo en el alma, pero se adopta una voluntad permisiva a lo que en el momento sea atractivo.

Si el discernimiento espiritual está completamente apagado, no es posible conectarse con los recursos espirituales que Dios ha incorporado en el ser humano, porque tienen la conciencia cauterizada.

Viven en un estado catatónico que no les permite percibir las experiencias espirituales genuinas ni diferenciarlas de los movimientos emocionales. En este estado, la voluntad para tomar el camino del Dios verdadero esta neutralizada. Por lo tanto, terminan desconectándose permanentemente. *"Pero el Espíritu dice claramente que en los postreros tiempos algunos apostatarán de la fe, escuchando a espíritus engañadores y a doctrinas de demonios; por la hipocresía de mentirosos que, teniendo cauterizada la conciencia..."* 1 Timoteo 4:1-2, RVA 1960.

Es por esto que mantener una conciencia espiritual activa se convierte en una prioridad para el cristiano, de modo que le permita apreciar y agradecer las bendiciones recibidas. La gratitud nos ayuda a sostener una vida de fe. *"Debemos siempre dar gracias a Dios por vosotros, hermanos, como es digno, por cuanto vuestra fe va creciendo, y el amor de todos y cada uno de vosotros abunda para con los demás"* 2 Tesalonicenses 1:3, RVA 1960.

Este estado de alerta espiritual también nos ayuda a defendernos de ataques que no son evidentes, que solo pueden ser percibidos si mantenemos una atmósfera de claridad en el plano espiritual. *"Porque no tenemos lucha contra sangre y carne, sino contra principados, contra potestades, contra los gobernadores de las tinieblas de este siglo, contra huestes*

El polvo que cubrió tus sueños

espirituales de maldad en las regiones celestes." Efesios 6:12, RVA 1960.

El mundo natural se rige por la naturaleza humana, la cual está corrompida a raíz de la Caída en el Edén. Por esta razón, se produce una inclinación decadente que fluye en un sistema pecaminoso, atacando constantemente la identidad del ser humano. Porque cuando no sabemos quiénes somos, nos hacemos vulnerables al control y a la manipulación. Otros nos dicen quienes debemos ser. En el libro de Génesis podemos ver que la serpiente alimentó el ego de Eva, invitándola a asumir otra identidad diciendo: *"...serán abiertos vuestros ojos, y seréis como Dios, sabiendo el bien y el mal"* Génesis 3:4-5, RVA 1960.

La vida plena que Jesús nos ha dado es completamente opuesta a las obras del mundo *"...yo he venido para que tengan vida, y para que la tengan en abundancia"* Juan 10:10. Dios nos creó con un propósito particular que tiene que ver con los dones y la personalidad de cada uno. Él sabe la influencia que puede tener el mundo natural en nuestra vida, también sabe el dominio de las mentiras que fueron moldeando nuestra personalidad y autoconcepción.

La buena noticia es que Jesús venció al mundo, dándonos una nueva identidad a través de su acción redentora. Cuando reconocemos que Jesús es nuestro Señor y Salvador, Dios nos adopta como Sus hijos;

Descubriendo la reina que hay en ti – Myriam Saldaña

comenzamos un proceso transformador, asumimos la responsabilidad de cumplir con el propósito para el cual fuimos llamados y disfrutamos de una vida en libertad, con sentido y dirección. (Ver Romanos 8). Somos coherederos y colaboradores con Cristo en un reino de servicio. *"y nos has hecho para nuestro Dios reyes y sacerdotes, y reinaremos sobre la tierra"* Apocalipsis 5:10, RVA 1960. Somos agentes ejecutores del amor y la bondad de Dios. Por esta razón, servir a los demás, desarrollar relaciones funcionales y tener un impacto positivo en el mundo nos hace sentir útiles, le da significado a nuestra vida y nos hace fluir en un ambiente espiritual que nos eleva, pero nos mantiene humildes.

La lucha contra la naturaleza caída

Hay algunas historias que son parte de nuestra cultura popular que nos relatan sobre princesas que crecieron sin saber que eran las hijas del rey. Por ejemplo, a la famosa Bella Durmiente, le ocultaron su verdadera identidad hasta que cumplió 16 años. Ella creció escondida en un ambiente muy diferente a la vida en su castillo, así que, seguramente, después del desenlace de la historia, tuvo que aprender a vivir como princesa.

El polvo que cubrió tus sueños

De alguna manera pienso que es fácil identificarse con este tipo de cuentos; porque, muchas mujeres han crecido sin saber que fueron creadas para pertenecer a un mundo de realeza. El Príncipe de Paz está buscándonos para vestirnos de realeza y empoderarnos con nuestra verdadera identidad como hijas del Rey de reyes y que aprendamos a vivir en libertad, poder y justicia.

Aunque hayamos crecido en hogares cristianos, el mundo y sus mentiras nos hacen dudar de nuestra nueva naturaleza y se encarga de distorsionar nuestra identidad en Cristo, estropeando lo que nos distingue, lo que nos hace conscientes de que somos hijas del Rey.

Entonces los pecados y los errores que cometemos nos acosan y nos traen tristeza; nos hacen sentir inmerecedoras del amor de Dios y Su reino. Con esto el enemigo busca confundirte, debilitarte y hacerte dudar de lo que ya Dios ha establecido en ti y del propósito que tiene contigo. Su estrategia es identificar tus debilidades y recordarte tus limitaciones cada vez que pueda. Quiere saber tus secretos para poder usarlos en tu contra, al igual que le sucedió a Sansón. Él fue un niño muy especial, nacido por voluntad del Espíritu, poseía una fortaleza extraordinaria que estaba sujeta a un secreto, pero no supo manejar el acoso de Dalila, quien fue usada por los enemigos de Sansón para descubrir su secreto y derrotarlo.

El enemigo no se dará por vencido; persistirá también contigo para interrumpir el propósito de Dios para ti. Hará nuevos intentos, tratará de negociar contigo, te planteará objeciones que reten tus valores de reino y la posición que has recibido por gracia.

Es cierto que todavía estamos bajo la influencia de una naturaleza corrompida, pero el Espíritu Santo nos convence de pecado y nos da la oportunidad de arrepentirnos y corregir nuestras acciones *"Y, cuando él venga, convencerá al mundo de su error en cuanto al pecado"* Juan 16:8, NVI. Arrepentirnos de nuestros pecados y errores no significa que los usaremos para causarnos daño ni afianzar mentiras que nos alejen de nuestro propósito. La intención de reconocer nuestros pecados y pedir perdón a Dios es para transformarnos, no para castigarnos. Es para corregir nuestro paso y perfeccionarnos a través del proceso de santificación. *"Él dirige en la justicia a los humildes, y les enseña su camino"* Salmos 25:9, NVI.

El siguiente texto nos habla de esa lucha interna con una naturaleza que aún es parte de nosotros. *"De hecho, no hago el bien que quiero, sino el mal que no quiero. Y, si hago lo que no quiero, ya no soy yo quien lo hace, sino el pecado que habita en mí. Así que descubro esta ley: que, cuando quiero hacer el bien,*

El polvo que cubrió tus sueños

me acompaña el mal. Porque en lo íntimo de mi ser me deleito en la ley de Dios; pero me doy cuenta de que en los miembros de mi cuerpo hay otra ley, que es la ley del pecado. Esta ley lucha contra la ley de mi mente, y me tiene cautivo. ¡Soy un pobre miserable! ¿Quién me librará de este cuerpo mortal? ¡Gracias a Dios por medio de Jesucristo nuestro Señor! En conclusión, con la mente yo mismo me someto a la ley de Dios, pero mi naturaleza pecaminosa está sujeta a la ley del pecado." Romanos 7:19-25, NVI. Sin embargo, tenemos el poder para alinearnos con la voluntad de Dios y asumir la responsabilidad de aprender a dominar la voluntad propia y el compromiso de cambio.

Cuando reconocemos pensamientos pecaminosos, podemos minimizar la influencia que puedan tener sobre nuestras acciones. Te invito a que estudies la Palabra a profundidad, para que el Espíritu Santo te revele con claridad esos pensamientos intoxicados de maldad. Si bien es cierto que es posible que tengamos pensamientos horribles que nos asaltan sin nosotros haberlos provocado, también es cierto que tenemos el poder para redirigirlos y llevarlos a la Cruz. *"derribando argumentos y toda altivez que se levanta contra el conocimiento de Dios, y llevando cautivo todo pensamiento a la obediencia a Cristo"* 2 Corintios 10:5.

Algunas prácticas que colaboran con la obra del Espíritu y la restauración continua de nuestra túnica real son:

1. Mantener presente que *"De Jehová es la tierra y su plenitud..."* Salmos 24:1, RVA, 1960.

2. Conservar una actitud humilde y estar dispuestos a procurar la renovación de nuestro pensamiento. *"No se amolden al mundo actual, sino sean transformados mediante la renovación de su mente. Así podrán comprobar cuál es la voluntad de Dios, buena, agradable y perfecta"* Romanos 12:2, NVI.

3. Reconocer que el terreno es plano frente a la Cruz, que no debemos sentirnos más que nadie porque el sacrificio de nuestro Señor y su redención está disponible para todo aquel que en Él cree. *"Jesús le dijo: Yo soy el camino, y la verdad, y la vida; nadie viene al Padre, sino por mí"* Juan 14:6, RVA1960.

4. Confiar que todas nuestras experiencias Dios puede usarlas para nuestro bien. *"Todas las sendas de Jehová son misericordia y*

El polvo que cubrió tus sueños

verdad, Para los que guardan su pacto y sus testimonios" Salmos 25:10, NVI.

5. Confiar el sustento de Dios "Manténganse libres del amor al dinero, y conténtense con lo que tienen, porque Dios ha dicho: *"«Nunca te dejaré; jamás te abandonaré»"* Hebreos 13:5, NVI.

6. Mantener presente que una actitud de obediencia a nuestro Padre demuestra que le amamos. *"Si me amáis, guardad mis mandamientos"* Juan 14:15.

7. Confesar nuestros pecados con frecuencia, aceptar el perdón de Dios y corregir nuestras acciones. *"Si confesamos nuestros pecados, él es fiel y justo para perdonar nuestros pecados, y limpiarnos de toda maldad"* 1 Juan 1:9, NVI.

8. No permitirle al enemigo que gane terreno en tu mente recordándote tu pasado. No permitas que siembre semillas que produzcan raíces de amargura, recuerda que *"más cuando el pecado abundó, sobreabundó la gracia"* Romanos 5:20, NVI.

Dudando tu verdadera identidad

He visto tantas mujeres sufrir los estragos de vivir intoxicadas por las mentiras del mundo, creyendo que el enemigo está fuera de su entorno. Pero no se dan cuenta de que esas mentiras que decidieron creer son semillas que generan raíces de amargura y te convierten en tu peor enemiga. ¡Basta ya! Tú eres creada a la imagen y semejanza Dios, eres un ser valioso, pues Cristo murió por ti, eres Templo del Espíritu Santo y colaboradora de Dios. No dejes que los problemas que enfrentes, o los errores que cometas diluyan tu identidad en Cristo y borren la esperanza de vivir la plenitud que Jesús nos da. ¡No luches en tus propias fuerzas! Deja tu orgullo y humíllate delante de tu Dios. El Espíritu Santo se encargará de restaurar tu túnica, tu auto percepción, tu fe y tu confianza en ti misma.

"Vuelve a mí tu rostro y tenme compasión, pues me encuentro solo y afligido. Crecen las angustias de mi corazón; líbrame de mis tribulaciones. Fíjate en mi aflicción y en mis penurias, y borra todos mis pecados. ¡Mira cómo se han multiplicado mis enemigos, y cuán violento es el odio que me tienen! Protege mi vida, rescátame; no permitas que sea avergonzado, porque en ti busco refugio. Sean mi protección la integridad y

El polvo que cubrió tus sueños
la rectitud, porque en ti he puesto mi esperanza".
Salmos 25:16-21, NVI.

Supervivencia vs plenitud

Nos hemos conformado con vivir una cercanía parcial con Dios. Pero, el amor exuberante hacia Él es lo que nos lleva a la plenitud de la cercanía total a nuestro Padre. Ese sentimiento profuso se desarrolla cuando nos damos cuenta de la transformación que Dios procura en nosotros y cómo ese proceso está estrechamente racionado a nuestros dones y propósito en la tierra.

Estar contentos con nuestra vida no significa resignarnos a las limitaciones circunstanciales y pensar que eso es todo lo que Dios tiene para nosotros. Podemos ir a un mayor nivel de gloria.

El sistema de vida el que la mayoría de las personas vive, no les permite identificar con facilidad la necesidad del alimento espiritual. Se presenta una incomodidad interior que no tiene explicación o razón aparente; sensaciones desagradables alteran el ánimo, pero que, en medio de la actividad diaria, pocas veces se logra identificar como hambre espiritual.

Si no podemos asociar estas sensaciones con hambre espiritual, cometeremos el error de ignorarlas o etiquetarlas con justificaciones alternas sin esperanza de satisfacer la verdadera necesidad de nuestra relación con Dios. Una forma de sensibilizarnos y reconocer los síntomas de nuestra escasez relacional con nuestro Padre es conectándonos con nuestro propósito.

Siempre que Dios nos da una asignación, nos equipa con lo que necesitamos para cumplirla. No puedes escoger los dones que quieras tener, Dios es quien los determina. Un regalo no descubierto es inútil. ¿Alguna vez has hecho un inventario de tus dones? Si no has pensado en esto, te invito a buscar las habilidades innatas que puedas tener; Además, presta atención al interés especial que siempre tuviste, ya que pueden revelar algunos de tus dones.

Hay diversidad de dones y maneras de servir, pero un solo Señor. Acepta tu asignación, decídete a servir y verás como el fuego del Espíritu te llevará a experimentar la satisfacción de vivir con propósito y dirección. Una manera de demostrar el amor de Dios es el servicio, pues estamos diseñados para este propósito.

Dios está trabajando en el mundo y quiere que te unas a Él. Tu misión es un privilegio maravilloso y una continuación de la misión de Jesús en la tierra.

Capítulo 3
Verdades que cambian tu destino

Para poder reconocer los síntomas de nuestra hambre espiritual y satisfacerla debemos conectarnos con nuestro propósito. Cuando hacemos esto de manera intencional, nuestros dones nos impulsan de forma intuitiva a desarrollarnos para servir con excelencia. Nuestro compromiso con Dios aumenta porque nos maravillamos de Su creación y de Su obra en nuestra vida y en otros. Sin embargo, la sobrecogedora cercanía de Dios en nuestra vida, ésa que nos sacia completamente y nos hace vivir en plenitud, tiene muchas más ramificaciones de las que inicialmente pensamos.

Para aprender a comunicarnos con Dios, elevar nuestras peticiones, desarrollar la paciencia para esperar con calma Sus respuestas y comprender la dirección que nos da. Es decir, para que nuestra fortaleza espiritual este bien fundamentada, necesitamos, además de conectarnos con nuestro propósito, concentrarnos en desarrollar una verdadera relación con nuestro Padre, en un espacio donde Él pueda tener un trato personal, específicamente diseñado para tratar con cada área de nuestro ser.

Si aprendemos a depender únicamente de la estimulación externa para nutrir nuestra alma, si constantemente buscamos suplantar el alimento espiritual con entretenimiento religioso, o cualquier cosa que estimule nuestras emociones, lo que sucederá inevitablemente es que no vamos a madurar de la forma adecuada y nuestro depósito espiritual se ira haciendo más pequeño. Porque mientras menos estimulamos nuestra espiritualidad desde adentro, las ramificaciones de la plenitud de Dios se van atrofiando y nos volvemos menos sensibles a ellas.

Hemos aprendido que la mayoría de las personas que no usan sus habilidades o talentos, eventualmente los pierden, pero ¿Qué pasa cuando dejamos de usar los canales apropiados para fomentar una genuina relación con Dios? ¿Qué persona puede renovar su entendimiento si no usa su capacidad de razonar? Ninguna, porque para que ese proceso de transformación haga efecto, es necesario hacerse preguntas a nivel individual, tener el valor de retar nuestras creencias y confrontarla a la luz de la Palabra, caminar en fe y dejar que Dios nos guíe, aun cuando inicialmente no veamos con claridad el camino frente a nosotros.

El polvo que cubrió tus sueños

¡Fuiste llamada para reinar! Para marcar una diferencia en este mundo, tienes que instruirte y desarrollar una fortaleza espiritual a prueba de fuego. Desarrolla tu espíritu para que puedas digerir "más que legumbres" (Ver Romanos 14:1-4), e Imprégnate del propósito de Dios. *"Uno hace diferencia entre día y día; otro juzga iguales todos los días. Cada uno esté plenamente convencido en su propia mente"* Romanos 14:5, NVI.

Descubriendo tu naturaleza real

Es iluso pensar que alguna persona pueda tener una idea acertada sobre nuestro verdadero valor, cuando es el Maestro quien verdaderamente tiene la autoridad para hacer esa determinación.

Quizá nosotros mismos somos los primeros en desacertar en cuanto a nuestro valor personal, ya que la lucha con nuestra naturaleza vieja constantemente quiere devaluarnos, basándose en la cantidad o la gravedad de los errores que cometemos. Se nos olvida que Dios no solamente perdona nuestros pecados, sino que se olvida de ellos. *" Yo, yo soy el que borro tus rebeliones por amor de mí mismo, y no me acordaré de tus pecados"* Isaías 43:25, NVI. Por lo tanto, nuestra tendencia al pecado no nos devalúa. También algunas culturas y tradiciones familiares son desvalorizantes. Muchos dichos y expresiones populares que frecuentemente escuchamos en nuestra etapa de crecimiento son internalizados y hacen eco permanente en nuestra vida. Por lo tanto, debemos renunciar a esa vieja estructura cultural y abrazar el concepto que Dios tiene de nosotras.

> Estimular nuestra espiritualidad desde adentro fortalece las ramificaciones de la plenitud de Dios en nuestro ser.

Lo más insólito es que, debido a nuestra inhabilidad natural de valorarnos correctamente, caminamos por la vida pretendiendo que otros reco-nozcan nuestra valía integral. Pero no somos capaces de aceptar el gran valor impuesto por nuestro Padre, quien envió a Su hijo unigénito para morir en la Cruz y redimirnos de nuestros pecados.

Tú eres reina porque Dios nos hizo reyes y sacerdotes. Somos linaje escogido, nación santa, somos piedras vivas, con las cuales se está edificando una casa espiritual. *"Pero ustedes son linaje escogido, real sacerdocio, nación santa, pueblo que pertenece a Dios, para que proclamen las obras maravillosas de*

El polvo que cubrió tus sueños

aquel que los llamó de las tinieblas a su luz admirable. "Ustedes antes ni siquiera eran pueblo, pero ahora son pueblo de Dios; antes no habían recibido misericordia, pero ahora ya la han recibido" 1 Pedro 2:9-10, NVI. *"también ustedes son como piedras vivas, con las cuales se está edificando una casa espiritual. De este modo llegan a ser un sacerdocio santo, para ofrecer sacrificios espirituales que Dios acepta por medio de Jesucristo"* 1 Pedro 2:5, NVI.

Tú eres una joya valiosa que brilla con una luz especial. Te revistes de fuerza y dignidad, afrontas segura el porvenir porque sabes que Dios está contigo. Esparces alegría y optimismo porque reflejas la paz que sobrepasa todo entendimiento. Hoy Dios te dice *"¡Levántate y resplandece, que tu luz ha llegado! ¡La gloria del Señor brilla sobre ti!"* Isaías 60:1, NVI.

Se podría decir que, de alguna forma, las mujeres somos la culminación o el pináculo de la creación, y eso revela que somos necesarias para este mundo. Aunque a veces sientas que no eres suficiente para otros, tú eres importante y necesaria para llevar a cabo los planes de Dios para esta generación en la que te tocó vivir. Recuerda que donde tu debilidad comienza, la grandeza de Dios comienza a relucir *"pero él me dijo: «Te basta con mi gracia, pues mi poder se perfecciona en la debilidad». Por lo tanto, gustosamente haré más bien alarde de mis debilidades, para que permanezca sobre mí el poder de Cristo"* 2 Corintios 12:9, NVI.

No dejes que nadie te diga que no puedes hacer algo. Tu potencial en las manos de Dios es ilimitado y el mundo espera ver la huella que dejarás. Sigue hacia adelante y no desmayes. El Señor tu Dios va contigo.

Tu derecho real

Como hijas del Rey recibimos algunos derechos espirituales que se nos otorgan al ser adoptadas como hijas de Dios, gracias a la redención provista por Jesús. Ya hemos dicho que, a los pies de la Cruz, el terreno es plano, es decir que todos somos iguales delante de los ojos de Dios y tenemos el mismo acceso a Su gracia.

Conocer nuestros derechos, lejos de hacernos arrogantes, nos permite mantener una actitud de agradecimiento a Dios por Su provisión y misericordia con la humanidad. También por los beneficios de haber sido adoptados como hijos, eliminando nuestra condición natural de esclavos. Estar conscientes de nuestros derechos nos permite hacerlos valer, según la ley espiritual que los fundamenta. Quien no conoce sus derechos no los puede ejercer; tampoco podemos ser específicos para pedirle a Dios que los haga valer,

El polvo que cubrió tus sueños

pues Él es quien tiene la autoridad total para ejecutarlos.

A continuación, algunos textos bíblicos que nos hacen saber sobre algunos de nuestros derechos:

1. Tenemos derecho a ser llamadas hijas del Rey. *"Mas a cuantos lo recibieron, a los que creen en su nombre, les dio el derecho de ser hijos de Dios"* Juan 1:12, NVI.

2. La protección del cielo está a nuestra disposición. *"Porque él ordenará que sus ángeles te cuiden en todos tus caminos"* Salmos 91:11, NVI.

3. Somos beneficiarios de la herencia... *"De hecho, sabemos que, si esta tienda de campaña en que vivimos se deshace, tenemos de Dios un edificio, una casa eterna en el cielo, no construida por manos humanas"* 2 Corintios 5:1, NVI.

4. Podemos recibir el favor de Dios y gracia ante los hombres. *"Ester también fue llevada al palacio del rey y confiada a Jegay, quien estaba a cargo del harén.* **La joven agradó a Jegay y se ganó su simpatía.** *Por eso él* **se apresuró a darle el tratamiento de belleza** *y los alimentos especiales.* **Le asignó las siete doncellas** *más distinguidas del palacio* **y la trasladó con sus doncellas al mejor**

lugar del harén" Ester 2:8, NVI. (Negrillas para agregar énfasis).

5. Recibimos autoridad para proclamar libertad a los cautivos *"Para proclamar libertad a los cautivos Y liberación a los prisioneros"* Isaias 61:1, NBLA.

6. Dios nos ha empoderado con valentía amor y dominio propio. *"Porque no nos ha dado Dios espíritu de cobardía, sino de poder, de amor y de dominio propio"* 2 Timoteo 1:7, NBLA.

El horizonte de una nueva vida

El libro de Ester es uno de los dos únicos libros de la Biblia donde no se menciona a Dios. Sin embargo, no cabe duda de que Él es el personaje principal ante los ojos de cualquier lector. El libro está impregnado de drama, intensidad y suspenso. Es una historia que muestra que Dios tiene planes y propósito con Su pueblo, así como también nos habla sobre los resultados de una espiritualidad bien fundamentada.

Ester es una figura prominente en la Biblia. Su fe en Dios y su valentía, así como también su prudencia, autodominio, sabiduría y determinación la hicieron relevante y la convirtieron en ejemplo para la humanidad. Creció como una niña judía huérfana, que luego se convirtió en la reina del imperio Persa, al ser seleccionada por el rey Asuero (también conocido

El polvo que cubrió tus sueños

como Jerjes I) para reemplazar a Vasti, la reina que fue degradada de su posición. (más adelante hablaremos más sobre ella).

La historia bíblica cuenta cómo Ester, con la ayuda de su primo Mardoqueo, salvó al pueblo judío de un complot para exterminarlos a todos. La festividad judía de Purim conmemora los acontecimientos descritos en el Libro de Ester.

El rey Asuero gobernó el gran Imperio Persa desde 486 a.c. hasta 465 a.c., sucedió a su padre el rey Darío quien había conquistado el Imperio Babilónico Caldeo, convirtiendo al imperio Persa el más grande de ese tiempo. Dominaron el Medio Oriente por 200 años antes de que fueran derrotados por Alexander el Grande, quien conquistó el Medio Oriente y estableció el gran Imperio Griego, quienes después en la historia fueron reemplazados por los romanos.

Volviendo al tiempo del rey Asuero, la historia nos cuenta que él asumió la misión de cobrar venganza en contra de Atenas, en nombre de su padre, pues su armada fue derrotada durante el reinado de Darío y él quería vengarse. Asuero había ganado y perdido varias batallas, pero su intención era subyugar a Grecia y dominarla. Para este fin, realizó una campaña de guerra que duró seis meses. Estaba tan convencido de que su estrategia le daría la victoria, que hizo un extravagante banquete para celebrar.

El banquete del rey Asuero duró siete días. Sus invitados comían y bebían sin medida, y celebraban de formas inmorales. Después de una semana de borracheras y placeres ostentosos, el rey Asuero ordenó a la reina Vasti para que se presentara en su fiesta y "lucirla" frente a sus invitados. Pero ella se negó y por esta razón fue destituida como reina. *"Por lo tanto, si le parece bien a Su Majestad, emita un decreto real, el cual se inscribirá con carácter irrevocable en las leyes de Persia y Media: que Vasti nunca vuelva a presentarse ante Su Majestad, y que el título de reina se lo otorgue a otra mejor que ella."* Ester 1:19, NVI.

El rey Asuero anunció que buscaría otra reina, pero entre la ejecución de sus planes fallidos de guerra contra Grecia, y su frustración por no haber podido derrotarla, cuatro años pasaron antes de que lo hiciera. Al ver que después de dos años en guerra, el Imperio Persa seguía sin poder derrotar a Grecia, Asuero regresó para seleccionar a su nueva reina.

"Algún tiempo después, ya aplacada su furia, el rey Asuero se acordó de Vasti y de lo que había hecho, y de lo que se había decretado contra ella. Entonces los ayudantes personales del rey hicieron esta propuesta: «Que se busquen jóvenes vírgenes y hermosas para el rey. Que nombre el rey para cada provincia de su reino delegados que reúnan a todas esas jóvenes hermosas

El polvo que cubrió tus sueños

en el harén de la ciudadela de Susa. Que sean puestas bajo el cuidado de Jegay, el eunuco encargado de las mujeres del rey, y que se les dé un tratamiento de belleza. Y que reine en lugar de Vasti la joven que más le guste al rey». Esta propuesta le agradó al rey, y ordenó que así se hiciera." Ester 2:1-4, NVI.

Cuando se proclamaron el edicto y la orden del rey, Ester fue una de las jóvenes llevadas al palacio y recibió tratamientos de belleza y la preparación necesaria para presentase frente al rey. *"Al rey le gustó Ester más que todas las demás mujeres, y ella se ganó su aprobación y simpatía más que todas las otras vírgenes. Así que él le ciñó la corona real y la proclamó reina en lugar de Vasti."* Ester 2:17, NVI.

Y así fue como a Ester se le abrió la puerta hacia un nuevo horizonte, y comenzó a familiarizarse más con las costumbres y protocolos de la realeza imperial. Aunque ella no tenía ninguna autoridad inmediata, en esta nueva etapa de su vida estaba en una posición de influencia, por lo tanto, tenía la oportunidad de causar cambios importantes en su tiempo.

Como hija del Rey de reyes tú siempre tendrás la oportunidad de influenciar tu entorno. Así como la reina Ester tú también has sido ungida con el mejor aceite, el del Espíritu Santo. *"El Espíritu del Señor está sobre mí, por cuanto me ha ungido para anunciar buenas nuevas a los pobres. Me ha enviado a*

Descubriendo la reina que hay en ti – Myriam Saldaña

proclamar libertad a los cautivos y dar vista a los ciegos, a poner en libertad a los oprimidos" Lucas 4:18, NVI. Haz que tu copa rebose de la esencia divina que recibes de tu Padre.

Dios nos puede poner en posiciones de autoridad sobre nuestra sociedad, pero también los caminos ordinarios se abren cuando estamos bajo Su dirección. Es nuestra responsabilidad prepararnos y accionar en el momento oportuno. Cuando recibimos por fe la autoridad que nos corresponde como reinas contemporáneas, necesitamos pasar por un período de ajuste para adaptarnos a nuestra nueva vida y aprender a identificar y a usar todos los recursos a nuestra disposición.

Las presiones sociales pueden hacerte sentir insegura de tus habilidades. Pero recuerda que con Dios todo es posible. Después de leer este libro tú serás una mujer de influencia que acepta nuevos desafíos y aprovecha cada oportunidad que se le presenta para aprender y crecer. Te convertirás en una impulsadora de sueños y podrás mostrarles a otras un camino sólido para crecer y desarrollarse.

Capítulo 4
La realeza fundada en la Roca

La realeza comúnmente se refiere a un grupo de personas que tienen un título real o noble, como por ejemplo rey, reina, príncipe, princesa, duques, etc. Estas personas suelen nacer en su posición de poder y tienen un alto estatus social, a menudo con privilegios y responsabilidades que vienen con su posición. La familia real ocupa la posición más alta de poder en el país y a menudo son vistos como símbolos de identidad y tradición nacional.

En el mundo han existido muchos reyes e imperios que han ejercido dominio, pero la mayoría han desaparecido. Históricamente, los reinos eran formas comunes de gobierno en muchas partes del mundo, incluidas Europa, Asia y África. En la actualidad, todavía hay algunos países que están gobernados por un rey o una reina, como el Reino Unido, Arabia Saudita y Tailandia. Sin embargo, la mayoría de los países han adoptado una forma diferente de gobierno, como una república o una democracia, donde el poder lo ejercen los funcionarios electos o el pueblo.

Descubriendo la reina que hay en ti – Myriam Saldaña

¿Cuánta permanencia podría tener un reino terrenal? En el mejor de los casos un rey puede reinar hasta que muere. Aunque puede ser sucedido por sus descendientes, un reino humano siempre estará en peligro de desaparecer porque, a la hora de la verdad su permanencia no depende de ellos. *"Dios Altísimo es el Soberano de todos los reinos humanos, y que se los entrega a quien él quiere, y hasta pone sobre ellos al más humilde de los hombres"* Daniel 4:17, NVI. Para cumplir su propósito, Dios inspiró a Isaías para que profetizara sobre el ascenso al poder de Ciro el Grande, quien reinó sobre el Imperio Persa siglo y medio después de la profecía (Ver Isaías 45:1).

La realeza fundada en la roca es permanente porque Dios es eterno. Nuestra función como reinas contemporáneas también tiene fecha de expiración en esta tierra, porque está limitada a un cuerpo finito. Sin embargo, tenemos la confianza de saber que nuestra existencia es eterna y la función que se nos ha dado será perfeccionada en la eternidad, según los planes de nuestro Dios.

El reino de los hombres es muy diferente al reino de Dios. Por lo tanto, la mayoría de sus valores y fundamentos son opuestos. Contrario al reino de los hombres, quienes encuentran seguridad en los territorios y posesiones que puedan tener, nuestra seguridad está en Dios. Solo Él es nuestro sustento y

El polvo que cubrió tus sueños

baluarte. *"Dios es nuestro amparo y fortaleza, Nuestro pronto auxilio en las tribulaciones"* Salmos 46:1, RVA, 1960.

Los reinados terrenales ven el éxito como conquista, reconocimiento social, logros personales, conocimiento, invenciones, poder, etc., mientras que, en el reino de Dios de la siguiente forma:

1. El éxito es la renuncia a los deseos carnales. *"Porque para mí el vivir es Cristo, y el morir es ganancia"* Filipenses 1:21, RVA 1960.

2. Es entrar en el gozo del Señor *"Y su señor le dijo: Bien, buen siervo y fiel; sobre poco has sido fiel, sobre mucho te pondré; entra en el gozo de tu señor"* Mateo 25:21, RVA 1960.

3. Es engrandecer el espíritu y recibir la corona de vida *"Bienaventurado el varón que soporta la tentación; porque cuando haya resistido la prueba, recibirá la corona de vida, que Dios ha prometido a los que le aman"* Santiago 1:12, RVA, 1960.

El éxito en el reino de Dios tiene que ver con recompensas permanentes y no efímeras. La justicia del reino del hombre representa castigo, vergüenza y venganza. Pero el sistema de justicia del reino de Dios se rige por el amor, la misericordia y las múltiples oportunidades para ser mejores. *"Ten compasión de mí, oh Dios, conforme a tu gran amor; conforme a tu inmensa bondad, borra mis transgresiones"* Salmos 51:1, NVI.

El reino de Dios nos ayuda a tener una buena base para minimizar el riesgo de hacernos daño a nosotros mismos y colapsar. Porque nos motiva a vivir en una forma funcional y balanceada, procurando el trato justo, protegiendo nuestra dignidad y la de otros y nos da acceso a disfrutar de la protección del Rey.

La dirección y protección que recibimos del Padre puede ayudarnos a mantener nuestra vitalidad bien canalizada; tiene el potencial de extender nuestros años de vida porque nos hace vivir en plenitud y evita que nuestra espiritualidad se consuma con las faenas diarias. Esto nos permite reflejar la luz de Cristo con más claridad para que otros puedan alcanzarle.

"¿Quién es sabio y entendido entre ustedes? Que muestre por su buena conducta sus obras en sabia mansedumbre. Pero si tienen celos amargos y ambición personal en su corazón, no sean arrogantes y mientan así contra la verdad. Esta sabiduría no es la que viene de lo alto, sino que es terrenal, natura, diabólica. Porque donde hay celos y ambición personal, allí hay confusión y toda cosa mala. Pero la sabiduría de lo alto es primeramente pura, después pacífica, amable, condescendiente, llena de

El polvo que cubrió tus sueños

misericordia y de buenos frutos, sin vacilación, sin hipocresía. Y la semilla cuyo fruto es la justicia se siembra en paz por aquellos que hacen la paz." Santiago 3:13-18, NVI.

Ser parte de la realeza fundada en la roca es una bendición y una experiencia maravillosa. Nada puede detener a la Iglesia de Jesucristo. No hay obstáculo, tribulación o angustia; no hay persecución ni amenazas, ni crisis mundiales que tenga el poder de acabar con su propósito en la tierra. Jesús dijo, *"...y las puertas del reino de la muerte no prevalecerán contra ella"* Mateo 16:18, NVI. La Iglesia no está edificada sobre los hombros de los humanos. Tampoco es soste-nida por las organizaciones de gobierno, ni judiciales ni corporativas; ¡la iglesia está fundada sobre la roca! ¡Qué grande es el privilegio de haber sido llamados a ser colaboradores en este reino! Nuestra misión es cumplir con los planes que Dios mismo ha comenzado. Esta misión es un proyecto de vida y su

---

La realeza fundada en la roca es permanente porque Dios es eterno.

alcance es eterno. La victoria y la permanencia del reino de Dios están aseguradas.

Expectativa vs. realidad

Cuando tenemos expectativas inalcanzables, es decir que no están fundamentadas en la realidad en que vivimos, puede provocarnos decepción, frustración y sensación de fracaso. Esto tiene el potencial de conducirnos a un ciclo de pensamientos y emociones negativas, lo que puede afectar nuestro bienestar mental, espiritual y nuestras relaciones. También puede conducir a una falta de motivación y una sensación de desesperanza, lo que puede dificultar el logro de nuevas metas.

Tener un sueño grandioso, que exceda tus capacidades actuales no significa necesariamente que tu expectativa de cumplirlo es irrealista. De hecho, los sueños que Dios pone en tu corazón generalmente exceden tus capacidades en el momento que lo recibes, porque pienso que Él usa esa preparación inicial para moldear tus dones y tejerlos en las hebras de tu fe y el sueño que te ha dado. En el proceso de preparación Él te instruye y te da nuevas ideas, y te permite tener pequeños logros, para que veas tu progreso y confíes más en Él, en ti, y en tu llamado.

El polvo que cubrió tus sueños

Tener un sueño que es más grande que nuestras habilidades actuales puede ser emocionante y abrumador. Descubrir la reina que hay en ti, podría ser uno de esos retos que te llenan de expectativas y entusiasmo pero que también podría causar decepción si esas expectativas no se cumplen o si te sientes inadecuada en el proceso de cambio.

Las plataformas y medios sociales pueden generar expectativas irreales en las personas. Quizás la percepción que tengas sobre las reinas en este mundo te haga visualizar una reina muy diferente a la que Dios creó en ti. Si tratas de buscar la esencia de una reina según la concepción que has adquirido del mundo, seguramente te sentirás falsa porque no estará a la par con los atributos que el Padre te otorgó.

Además, las expectativas inalcanzables pueden hacer que pasemos por alto nuestros logros y éxitos, ya que nos enfocamos únicamente en lo que no hemos podido lograr. Esto puede conducir a sentimientos de insuficiencia, baja autoestima y sentir que Dios nos ha abandonado.

Por esta razón es importante establecer la diferencia entre las expectativas que puedas crearte y la realidad. Se trata de afinar tus emociones, analizar tu entorno, recursos y oportunidades para reconocer los sueños grandiosos, y no confundirlos con expectativas irrealizables.

Por otra parte, centrarte en ti misma y dedicar mucho tiempo a contemplar tus logros, desconociendo que Dios es quien te ha llevado hasta dónde estás, puede causar que se infle tu ego y te creas que estás por encima de los demás. *"Nadie tenga un concepto de sí más alto que el que debe tener, sino más bien piense de sí mismo con moderación, según la medida de fe que Dios le haya dado"* Romanos 12:3, NVI. Entonces lo que aplica es tener un pensamiento balanceado sobre ti misma y particularmente la comprensión de que en todos tus logros está la mano de Dios.

"No améis al mundo, ni las cosas que están en el mundo. Si alguno ama al mundo, el amor del Padre no está en él. Porque todo lo que hay en el mundo, los deseos de la carne, los deseos de los ojos, y la vanagloria de la vida, no proviene del Padre, sino del mundo. Y el mundo pasa, y sus deseos; pero el que hace la voluntad de Dios permanece para siempre"
1 Juan 2:15-17

Desarrollando valentía

Ser valiente significa tener la capacidad de enfrentar situaciones desafiantes o peligrosas con arrojo, determinación y confianza. Implica tomar riesgos,

El polvo que cubrió tus sueños

defender lo que es correcto y hacer lo que es debido, incluso cuando es difícil o da miedo. Las personas valientes están dispuestas a enfrentar sus miedos y a superar obstáculos para alcanzar sus metas o ayudar a los demás. A menudo son admirados por su fuerza, resiliencia y disposición para actuar frente a la adversidad.

En ocasiones nuestros miedos no tienen razón de ser, pues no representan una amenaza real, sino que son elaboraciones que hacemos en nuestra mente. Son producto de nuestra imaginación, de lo que "podría pasar" pero que no hay un fundamento sólido para sustentar esa determinación que hemos hecho. Claro está que, si hay un peligro inminente, sentiremos que nuestro sentido de supervivencia se activará y nuestras acciones serán menos racionales. Por lo tanto, es una buena práctica imaginar posibles situaciones de peligro y pensar en soluciones racionales para enfrentarlos, como medida preventiva. Las escuelas y algunas organizaciones practican esto para minimizar el impacto de posibles ataques.

Ester es considerada un modelo de valentía, pues arriesgó su vida para salvar a su pueblo de la conspiración de Amán contra los judíos. La historia cuenta que el rey Asuero había promovido a su consejero Amán, por lo tanto, los servidores del palacio le tendían honor arrodillándose delante de él por orden del rey, pero Mardoqueo no lo hizo. *"Todos los servidores de palacio asignados a la puerta del rey se arrodillaban ante Amán, y le rendían homenaje, porque así lo había ordenado el rey. Pero Mardoqueo no se arrodillaba ante él ni le rendía homenaje"* Ester 3:2, NVI.

A raíz de esos hechos, Amán decidió aniquilar no solo a Mardoqueo, sino también a todo el pueblo judío. Así que convenció al rey Asuero de dictar un decreto para aniquilar a los judíos sugiriéndole, *"Si le parece bien, emita Su Majestad un decreto para aniquilarlos"* Ester 3:9, NVI. y el rey accede a la petición respondiendo, *"haz con ese pueblo lo que mejor te parezca"* Ester 3:11, NVI.

Ester era una joven sin mucha experiencia. Al enterarse de lo que estaba ocurriendo, probablemente no sabía cómo usar su posición de influencia. Mardoqueo le pidió que se presentara delante del rey para pedir clemencia, y ella le mandó a decir a que, según la ley, ella no se podía presentar delante del rey sin que él la invitara. *"cualquier hombre o mujer que, sin ser invitado por el rey, se acerque a él en el patio interior, hay una sola ley: la pena de muerte. La única excepción es que el rey, extendiendo su cetro de oro, le perdone la vida"* Ester 4:11, NVI. ¿Alguna vez te has encontrado en un problema sin salida aparente? Esas situaciones atacan tu esperanza y te hacen sentir que

El polvo que cubrió tus sueños

no tienes poder para solucionar nada. Para desarrollar valentía en esos momentos, es necesario rodearte de personas que te apoyen; busca amigos y familiares que te animen y afirmen tus esfuerzos por ser valiente.

Mardoqueo ayudó a Ester a reconocer que, si no hacía nada, igualmente la pena de muerte ya estaba impuesta sobre su vida. Pero también le recordó sus logros; ese era el momento de hacer uso de la posición de influencia que Dios le había permitido conseguir diciéndole, *"... ¡Quién sabe si no has llegado al trono precisamente para un momento como este!"* Ester 4:14, NVI. En otras palabras, "¡tú puedes hacer algo Ester!, ¡contamos contigo!, creemos en Dios quien te ha bendecido, pero también ¡creemos en ti!"

Ester llegó a un acuerdo con Mardoqueo para que los judíos se unieran en ayuno con ella, antes de presentarse frente al rey. *"«Ve y reúne a todos los judíos que están en Susa, para que ayunen por mí. Durante tres días no coman ni beban, ni de día ni de noche. Yo, por mi parte, ayunaré con mis doncellas al igual que ustedes. Cuando cumpla con esto, me presentaré ante el rey, por más que vaya en contra de la ley. ¡Y, si perezco, que perezca!»"* Ester 4:16, NVI. Ella mostró sumisión a Dios y pidió dirección, pero con valentía actuó en contra del protocolo real para denunciar la injusticia frente al rey Asuero y pedirle que dictara otro edicto que le permitiera a los judíos defenderse.

En el caso de Ester, aunque su vida estaba en peligro, no se dejó dominar por el miedo. Ella tuvo tiempo para pensar y pedir la dirección de Dios. No se dejó atrapar por la impaciencia que acosa la mente diciéndote, "¡tienes que arreglar esto inmediatamente!", "si lo vas a hacer, hazlo de una vez," sino que esperó y buscó el momento oportuno para actuar. En ocasiones solo tenemos que dar pequeños pasos para salir de nuestra zona de comodidad, pero debemos esforzarnos gradualmente para tomar mayores riesgos.

Toma acción a pesar de tus miedos. No te quedes contemplando las excusas que puedas inventar para evitar hacer lo que es necesario. Está bien esperar por el momento adecuado. Cuando somos intencionales somos más efectivos, pero si esperas demasiado y te familiarizas con las alternativas para no actuar, nunca lograrás pasar por encima de tus miedos. Ester esperó un segundo banquete ¡pero actuó!

Sabemos que, aunque muchos judíos vivían en Persia Imperial, algunos otros se les había dado la oportunidad de regresar a Jerusalén para reconstruir el Templo, según las órdenes del rey Darío, el padre del rey Asuero. *"Así ha dicho Ciro rey de Persia: Jehová el Dios de los cielos me ha dado todos los reinos de la*

El polvo que cubrió tus sueños

tierra, y me ha mandado que le edifique casa en Jerusalén, que está en Judá. Quien haya entre vosotros de su pueblo, sea Dios con él, y suba a Jerusalén que está en Judá, y edifique la casa a Jehová Dios de Israel (él es el Dios), la cual está en Jerusalén." Esdras 1:2-3

Pero, imagina por un momento, qué hubiese sucedido si el plan de Amán para cometer genocidio hubiera comprometido al linaje de David, exterminándolo aproximadamente 480 años antes de Cristo. Esto es solo una suposición, pero si este hubiera sido el caso ¿cómo hubiese sido posible el nacimiento del Mesías? Sin saberlo, es probable que con sus acciones Ester haya colaborado con preparar el camino para la llegada del Salvador del mundo.

La percepción balanceada de ti misma reconoce que en todos tus logros está la mano de Dios.

Nunca sabremos con certeza la extensión de nuestras acciones valerosas. Recuerda que Dios no nos dio espíritu de temor ni cobardía. Tú tienes la capacidad de actuar, a pesar de tus miedos. Identifica tus temores e identifica si tienen fundamento. Si es así, ¡enfréntalos con determinación!

Capítulo 5
De esclava a reina

Renunciar a la mentalidad de esclava, puede ser un reto inmenso para algunas mujeres. En el capítulo uno te hablé sobre cómo algunas circunstancias pueden tener el poder de convertirte en esclava de tu situación, pero también cómo puedes levantarte y renunciar a ese estado de esclavitud porque Jesús ya te hizo libre en el plano espiritual.

Puede ser difícil cambiar de opinión sobre nuestras creencias y costumbres, porque a menudo están profundamente arraigadas a nuestro sentido de identidad y valores. Es decir, sentimos que simplemente así es nuestra forma de ser y no podemos cambiar. Como nuestras creencias se formaron en función de nuestra educación, experiencias, cultura, religión y otros factores, las hemos asumido como parte de nuestra personalidad.

El polvo que cubrió tus sueños

En otras palabras, no es lo que hacemos, es que somos.

Actuamos con mentalidad de esclava y luego justificamos nuestro comportamiento pensando, "¡Ay!, es que yo soy así, eso fue lo que me enseñaron," o "he tratado mil veces de no actuar así, pero es que no hay caso...a esta altura de mi vida no voy a cambiar." Teniendo presente que la intención de Dios es de transformarnos mediante un proceso de santificación ¿tú crees que estos pensamientos vienen de Dios?, y si no vienen de tu Padre, el Rey, ¿de dónde crees que vienen? Este es el momento de decidir a quién o a qué vas a escuchar.

La buena noticia es que los procesos del Padre no tienen fecha de expiración mientras tú tengas vida; no dependen de tu edad, ni de tu salud, ni tu condición social, sino de tu condición espiritual. De tu deseo real de ver Su obra realizada en ti, de la confianza que estés dispuesta a demostrarle para que Él pueda provocar cambios en ti.

Cambiar de opinión requiere la voluntad de cuestionar nuestras creencias, estar abierto a nueva información y perspectivas, y estar dispuesto a desafiar sus propias suposiciones. También puede requerir la voluntad de enfrentar la incertidumbre y la incomodidad, ya que cambiar de opinión podría implicar dejar de lado creencias arraigadas y aceptar otras nuevas. Se trata de abrazar el cambio y fortalecer el dominio propio que es parte de nuestra nueva naturaleza. *"Por eso, dispónganse para actuar con inteligencia; tengan dominio propio; pongan su esperanza completamente en la gracia que se les dará cuando se revele Jesucristo. Como hijos obedientes, no se amolden a los malos deseos que tenían antes, cuando vivían en la ignorancia."* 1 Pedro 1:13-14, NVI.

Para descubrir la reina que hay en ti ¡tienes que renunciar a la mente de esclava! Reconocer y desechar cualquier creencia que te esté limitando o esos pensamientos que se repiten en tu mente y te paralizan. Rodéate de personas positivas y emprendedoras; participa en actividades que promuevan tu desarrollo personal como leer, aprender nuevas habilidades y perseguir nuevos intereses.

¡Este es el momento de convertirte en reina! Acepta la identidad y el valor que Dios te da. Reconoce que eres valiosa y merecedora de respeto, sin importar cuáles sean tus circunstancias. Recuerda tus fortalezas y logros, y abraza el cambio que Dios quiere provocar en ti.

¿Sabes por qué sería posible que una princesa o una reina no sepa que tiene ese derecho legal? Generalmente porque ha sido separada de su padre a

El polvo que cubrió tus sueños

temprana edad o porque le escondieron su derecho real. La Caída del hombre provocó esa separación temprana de tu Padre celestial, el pecado esconde el estatus real al que tienes derecho, pero el efecto de ese evento ha sido restituido gracias a la obra de nuestro Señor Jesús. Gracias a eso tú tienes acceso directo a tu Padre y a todos las bendiciones que te quiere dar.

Descubrir la reina que hay en ti es una experiencia que te cambia la vida. Tú tienes acceso a este regalo por derecho como Hija del Rey de reyes, pero es un compromiso y una decisión que solo tú puedes tomar. ¡Ya no eres una esclava! Tienes la capacidad de elegir y tomar decisiones por ti misma, sin las cadenas del pecado. Tienes el derecho de vivir en libertad y plenitud; la libertad de soñar y con la ayuda del Padre alcanzar los deseos de tu corazón. Ahora acepta el reto de prepararte como reina y descubre las maravillas que Dios puede hacer en ti, y las bendiciones inagotables, producto de una fe fortalecida.

Cuando aceptas la corona

Una corona puede ser un distintivo de realeza, poder y autoridad. En nuestros tiempos también puede ser un símbolo de belleza, pero esto no se trata solo de

Descubriendo la reina que hay en ti – Myriam Saldaña

belleza externa sino también de la hermosura que puede tener la esencia de una mujer. Este no es solo un objeto físico o simbólico, sino también representa la actitud y la confianza que lo acompaña.

La corona de la que hablo en este libro solo pueden aceptarla mujeres comprometidas con la obra de Dios. Mujeres que son vasos de honra que han decidido ocupar una posición autoridad espiritual y de influencia. Que tienen una actitud de digna, siguiendo el modelo que Jesús nos dio. Por lo tanto, esta corona no se usa con arrogancia, sino con amor, gozo, paz, paciencia, benignidad, bondad, fe, mansedumbre y templanza que son parte del fruto del Espíritu de Dios en ti.

Este desempeño real implica servir con humildad, asumiendo tus responsabilidades con un sentido de modestia, demostrando la voluntad de aprender y crecer en esta hermosa jornada, con Dios de tu lado. No actuar únicamente en beneficio propio sino considerar también las necesidades e intereses de

> Descubrir la reina que hay en ti es una experiencia que te cambia la vida. Tienes el derecho de vivir en libertad y plenitud.

El polvo que cubrió tus sueños

los demás. Cuando sirves con humildad, reconoces que no eres perfecta y que siempre hay algo nuevo por apren-der.

Para algunas personas este compromiso puede exceder su disposición a servir. Una mujer, podría negarse a recibir esta corona por miedo a sentirse incapaz, o insuficiente. Curiosamente, lo único que te descualifica para esta corona es pensar que la mereces. Tú no tienes derecho a esta corona por mérito propio, sino por lo que Jesús ha hecho por ti. Él es quien te cualifica para esta posición. *"Pero Dios escogió lo insensato del mundo para avergonzar a los sabios, y escogió lo débil del mundo para avergonzar a los poderosos. También escogió Dios lo más bajo y despreciado, y lo que no es nada, para anular lo que es, a fin de que en su presencia nadie pueda jactarse."* 1 Corintios 1:27-29, NVI.

La corona de espinas es la que nadie debería querer llevar. Esa corona ponzoñosa representa tormentos, pensamientos de acoso, garrotes de culpa que ya fueron puestos en la sien de nuestro Salvador. Él ya sufrió con intensidad el efecto penetrante de esta corona para que ninguna de nosotras tuviera que experimentar este dolor. No te dejes coronar con la corona de espinas. Aprende a establecer límites apropiados para que nadie siembre en tu mente pensamientos denigrantes ni maltratadores. Él llevó esta corona para que tu pudieras llevar la de perlas y piedras preciosas.

Si la reina que está en ti está detrás de las sombras de tus miedos, Dios te dice, *"Despierta, despierta, vístete de poder, oh Sion; vístete tu ropa hermosa, oh Jerusalén, ciudad santa; porque nunca más vendrá a ti incircunciso ni inmundo. Sacúdete del polvo; levántate y siéntate, Jerusalén; suelta las ataduras de tu cuello, cautiva hija de Sion."* Isaías 52:1-2, RVR 1960.

¡Acepta tu corona y camina con ella! Quita cualquier atadura que quiera seguir atada a tu cuello. No camines cabizbaja; tú eres portadora de una corona con un legado eterno. Aprende a caminar con la cabeza en alto, aunque estés pasando por situaciones que estén desgarrando tu corazón. No se trata de ignorar el dolor, sino de tener la confianza de que Dios está en control.

Una renovación extrema

Si ya aceptaste el compromiso de recibir tu corona ¡te felicito! Ya has conquistado parte del territorio que necesitas dominar. Este es un paso muy importante porque es el comienzo de otra etapa en tu travesía.

Tomar impulso es más fácil ahora que has renunciado definitivamente vivir en esclavitud y

El polvo que cubrió tus sueños

aceptar tu derecho real. Ahora comenzarás un proceso de renovación integral que te permitirá superarte y encauzarte a tomar bendiciones y satisfacciones que nunca habías imaginado.

Después de este proceso tendrás una comprensión más profunda de ti misma y de tus motivaciones. Tus relaciones mejorarán porque te volverás más compasiva, empática, comprensiva y amorosa. Servirás con alegría y tus esfuerzos serán recompensados al ver cómo el efecto de la obra de Dios en ti también bendice a otros. Aprenderás a ser resiliente, a no dejarte dominar por tus emociones para que puedas enfrentar los desafíos y contratiempos de manera más efectiva.

De un tiempo para acá los programas de cambio de imagen han logrado capturar a una gran audiencia. En las plataformas sociales parece imposible evadir los tutoriales de maquillajes extremos, porque los consideramos interesantes aun después de haber visto varios de ellos.

Recuerdo un programa de televisión llamado El Cisne, donde seleccionaban a una candidata de un grupo de mujeres que se autoproclamaban como el "patito feo" para transformarla en una mujer bella, según la estética aceptada por la sociedad. En un mes los cirujanos, dentistas, terapistas, peluqueros, asesores de imagen, entre otros profesionales coordinaban esfuerzos para producir una transformación total.

¿Por qué mostramos tanto interés a este tipo de transformaciones? Es verdad que los espectadores pueden sentirse identificados con el proceso de transformación de los participantes y sus historias, pero creo que la razón principal es mucho más profunda. Pienso que todos los seres humanos, inconscientemente anhelamos ser radicalmente transformados mediante un cambio de imagen. No solo en el semblante físico sino también en otros aspectos de nuestras vidas. Es como si en nuestro ADN estuviera arraigada la necesidad de ser sanados y restaurados; como si esto demostrara una sublime necesidad de ese "renacer" que ofrece Cristo.

La historia del patito feo muestra la realidad de muchas personas, que van por la vida buscando su identidad y sintiéndose inconformes en cualquier lado; caminan decepcionados porque no logran ver sus propias fortalezas. *"Vamos palpando la pared como los ciegos, andamos a tientas como los que no tienen ojos. En pleno mediodía tropezamos como si fuera de noche; teniendo fuerzas, estamos como muertos"* Isaías 59:10, NVI. En el caso del patito feo, él no sabía que su belleza siempre estuvo en la naturaleza original con la que fe creado. Curiosamente, a muchas

El polvo que cubrió tus sueños

personas también se les hace difícil ver la belleza que siempre ha sido parte de ellos.

Pienso que Dios también disfruta de los cambios de imagen, pero no los que el mundo plantea, sino los que Él produce. El Creador siempre estará satisfecho con la forma en que te hizo. Es el ambiente sociocultural el que busca hacerte sentir inadecuada e insuficiente. De esa forma te venden necesidades que no tienes, hasta que tú misma comienzas a hacerte daño emocional y físicamente. Con esto no estoy diciendo que tener una apariencia agradable y sentirnos bien con nosotras mismas es algo negativo. La femineidad es un aspecto hermoso de la mujer; el problema está cuando dejamos que los estímulos externos nos lleven a un comportamiento compulsivo, que busca destruir la imagen que Dios nos dio, para convertirnos en algo que no somos.

La inconformidad personal, generalmente, produce un conflicto entre las emociones y el estado espiritual de la persona. Comenzamos a sentir esos síntomas de hambre espiritual, que son fácilmente confundidos con otras condiciones y es cuando aflora esa necesidad de la intervención del Padre.

Dios tiene el poder de transformar a las personas de una forma radical y genuina. Los efectos de Su obra son permanentes, no los afecta la gravedad ni el tiempo. *"El mundo se acaba con sus malos deseos, pero el que hace la voluntad de Dios permanece para siempre"* 1 Juan 2:17, NVI. Si tiene que hacer cirugía espiritual para remover espinas de vanidad que se clavaron en nuestra alma, lo hará de tal forma que, restaurará nuestra estima sin efectos secundarios. Si tiene que depurarnos de impurezas, nos pasará por el fuego donde sentiremos el calor, pero no tendremos quemaduras. Lo que sí puedo asegurar es que, después de que Dios transforma alguna área de nuestra vida, el resultado es impresionante. Tanto así que, cuando compartes con otros lo que Él ha hecho en ti, la audiencia de Dios es inspirada a hacer cambios en su propia vida, porque reciben la esperanza de alcanzar, con la ayuda del Señor, su anhelo escondido de transformación.

"El Señor cumplirá en mí su propósito. Tu gran amor, Señor, perdura para siempre; ¡no abandones la obra de tus manos!"

Salmos 138:8, NVI

Toma un momento para pensar en qué área de tu vida necesitas una renovación extrema. En cuanto a ti misma, ¿qué situación sientes que se te escapó de las manos? ¿Qué es lo que no puedes

El polvo que cubrió tus sueños

cambiar con tus propios esfuerzos? La Palabra dice que Dios *"colma de bienes tu vida y te rejuvenece como a las águilas"* Salmos 103:5, NVI. No existe nada que Él no pueda hacer.

Las águilas son aves majestuosas que representan libertad, gracia, distinción, inteligencia y sagacidad. La forma en la que surcan los cielos nos conecta con nuestra espiritualidad. En la Escritura hay 34 referencias sobre las águilas y es común la comparación entre el águila y el creyente.

Tú tienes la increíble habilidad para elevarte y surcar el espacio; así como el águila hay algo de majestuoso en ti. No eres cualquier mujer. La Biblia te describe como Hija de Sara (Ver 1 Pedro 3:6), bella físicamente, fiel a su esposo y ayuda idónea. Compartió todo con Abraham, incluyendo sus sueños, sus victorias, sus inquietudes. También su frustración de no ver su sueño cumplido.

Sara como tú, en un tiempo tuvo un sueño. Dios le dio una promesa diciéndole que muchas naciones nacerían de su descendencia. Así como el águila Sara, se puso vieja. Dios la mantuvo esperando hasta que era humanamente imposible. Ella perdió la esperanza y la perspectiva.

En ocasiones confiar en el poder y el cuidado de Dios representa un gran desafío. Especialmente si vemos nuestra realidad solo desde nuestro lente humano. Comenzó a afectarse su autoestima y en su desesperación ideó un plan alterno a la promesa de Dios para ella, *"Dijo entonces Sarai a Abram: Ya ves que Jehová me ha hecho estéril; te ruego, pues, que te llegues a mi sierva; quizá tendré hijos de ella. Y atendió Abram al ruego de Sarai."* Génesis 16:2, pero aprendió que su plan lo único que produjo fue un Ismael. Un hijo que representó un gran conflicto para Sara y del cual surgió la histórica tensión entre árabes e israelitas. Por buscar una solución alterna al problema que tenía, lo complico aún más.

Volviendo al proceso de Sara, podemos pensar que su frustración y las medida desesperada que tomó fue la razón por la cual no salió a recibir a los mensajeros de Dios. Me imagino diciéndole a su esposo, "Sigue confiando tú, Abraham, yo no te impediré, pero por favor, no me incluyas." A veces, tal como le sucedió a Sara, nosotras nos cansamos de escuchar promesas que no creemos realizables, según nuestro criterio humano. Nos escondemos detrás del luto de los sueños que creemos perdidos, detrás de nuestras frustraciones y falta de fe. Sentimos que la gente no puede entender nuestro dolor. Pero Dios no nos deja olvidadas mientras nosotras nos escondemos en la tienda de la decepción.

¿Te acuerdas del principio de este capítulo? Cuando te mencioné que los procesos del Padre no

El polvo que cubrió tus sueños

tienen fecha de expiración mientras tú tengas vida, no dependen de tu edad, ni de tu salud, ni tu condición social, sino de tu condición espiritual. Esto fue lo que le tocó vivir a Sara. ¡Cuán lejos nos alcanza la voz de Dios!

Dios no tuvo que decir mucho para activar su proceso en Sara, de forma que ella experimentara una transformación poderosa. Dios la confrontó, pero no la avergonzó, sino que envió la Palabra. Imagina el conflicto de Sara diciéndose a sí misma, "Sara, no podrás borrar las arrugas de la vida; te has puesto vieja, dejaste de soñar, y ya no puedes volar". Pero Dios dijo *"El año que viene, por estos días, volveré a visitarte, y para entonces Sara ya será madre."* Génesis 18:14, NVI.

Sara se rejuveneció. *"Por la fe Abraham, a pesar de su avanzada edad y de que Sara misma era estéril, recibió fuerza para tener hijos, porque consideró fiel al que le había hecho la promesa."* Hebreos 11:11, NVI.

"Dios es el que me ciñe de poder, Y quien hace perfecto mi camino." Salmo 18:32, RVA 1960.

En la siguiente página encontrarás una tabla de comparación que te ayudará a identificar creencias a las que debes renunciar para asumir la actitud de una reina.

Descubriendo la reina que hay en ti – Myriam Saldaña

Lee con detenimiento cada pensamiento y marca aquellos con los cuales te sientas identificada. Esto te mostrará áreas que necesitan ser atendidas para que no interrumpan tu jornada hacia la corona.

El polvo que cubrió tus sueños

ESCLAVA

Reina
Hija del Rey de reyes

ESCLAVA	REINA
O Tengo que hacer más	O Mi valor no depende de lo que haga
O Siento que nadie aprecia lo que hago	O No necesito recnocimiento
O Me siento inferior a otros	O Aceptas tu nueva identidad en Dios
O Me cuesta confiar en Dios	O Recurro primero a la oración
O Me siento culpable	O Confío en el perdon de Dios
O Frecuentemente estoy a la defensiva	O Puedo recibir la critica y la corrección
O Tengo que arregalrlo todo	O Cuento con mi Padre para arreglar lo que yo no puedo
O Siempre tengo la razón	O Siempre estoy dispuesta a aprender
O No me siento capaz	O Todo lo puedo en Cristo que me fortalece
O Frecuentemente me siento desanimada y derrotada	O Dios es mi refugio y mi fortaleza
O Me quejo mucho	O Convierto mis desafíos en oportunidades
O No tengo dominio propio	O Puedo dominar la carne

Capítulo 6
Transformada para producir cambios

La Palabra dice que somos la luz del mundo y la sal de la tierra. (Ver Mateo 5:13-16). Esto significa que debemos ser una influencia positiva en las personas que nos rodean. Traer bondad, esperanza y alegría a los demás, y vivir una vida que refleje las enseñanzas de Jesús.

Como la luz del mundo, nuestra misión es brillar intensamente con la luz del Evangelio y ayudar a iluminar el camino de aquellos que están perdidos o luchando en la oscuridad. Adondequiera que vamos llevamos la luz de Cristo y las tinieblas desaparecen.

Como la sal de la tierra, nuestra inclinación natural debe ser dar sabor y preservar lo que es bueno en el mundo. Al mismo tiempo convertirnos en un acelerador de cambios positivos y crecimiento. Tenemos la sazón para ayudar a las personas en todos los sinsabores de la vida. También elementos para preservar nuestro entorno de la corrupción que arropa al mundo.

El polvo que cubrió tus sueños

Ser la luz y la sal del mundo requiere que vivamos una vida de servicio y amor, y que nos esforcemos siempre por ser lo mejor de nosotros mismos. Es para eso que somos coronadas de influencia. En medio de un mundo en tinieblas y arropado por la corrupción, Dios nos ha llamado a influenciar.

Dios está comprometido con Su Iglesia y nos da todo lo que necesitamos para cumplir nuestro propósito en la tierra. Lo que comenzó lo terminará.

"Por amor a Sión no guardaré silencio, por amor a Jerusalén no desmayaré, hasta que su justicia resplandezca como la aurora, y como antorcha encendida su salvación" Isaías 62:1, NVI. Así lo hemos visto a través de la historia, el pueblo de Dios siempre ha sido el instrumento de salvación.

La Iglesia tiene la verdad en un mundo de mentiras. Es la que tiene la respuesta cuando nadie puede responder, y la que ofrece, por medio de Su Señor, la paz que sobrepasa el entendimiento. Principalmente, la iglesia es la portadora del mensaje de esperanza para un mundo desesperanzado.

Dios levantó a los patriarcas, a los profetas, a Débora, a Ester, a Ruth, a los discípulos y a los apóstoles. Ahora también puede levantarte a ti, para que demuestres al mundo que los obstáculos son solo oportunidades, para ver el poder de nuestro Padre manifestado. Los retos nos impulsan y nos catapultan a una nueva posición de gloria. *"Así, todos nosotros, que con el rostro descubierto reflejamos como en un espejo la gloria del Señor, somos transformados a su semejanza con más y más gloria por la acción del Señor, que es el Espíritu"* 2 Corintios 3:18, NVI.

Las pruebas solo logran purificarnos. El enemigo las envía para destruirnos y Dios las utiliza para corregirnos y refinarnos. Después de la prueba, somos mejores y después de tantas pérdidas, estamos mejor preparadas. *"Porque estando en angustia me hiciste ensanchar"* Salmos 4:1, RVA 1960. De la prueba hemos salido con más brillo, por lo tanto ¡seremos coronadas de influencia!

"Ustedes no han sufrido ninguna tentación que no sea común al género humano. Pero Dios es fiel, y no permitirá que ustedes sean tentados más allá de lo que puedan aguantar. Más bien, cuando llegue la tentación, él les dará también una salida a fin de que puedan resistir" 1 Corintios 10:13, NVI.

Alguien te tiene que coronar

Ahora que has sido elegida, y que has decidido aceptar tu corona, alguien te tiene que coronar. No te puedes coronar tú misma. La corona que recibirás es como la unción; tiene propósito.

El polvo que cubrió tus sueños

Quizá estás leyendo este libro porque Dios lo usará para inspirarte, para encenderte o para traer claridad en cuanto a quién eres. Pero de cualquier forma que sea... ¡llegó tu tiempo! Ha llegado la hora de sellar tu llamado con una corona de influencia. Llegó la hora de que el agua ¡se transforme en vino!

El agua tiene un gran significado simbólico. Puede representar limpieza espiritual y renacimiento, pero también se asocia con el mismo Jesús, a quien se hace referencia en la Biblia como el "agua viva". Jesús dijo, *"pero el que beba del agua que yo le daré no volverá a tener sed jamás, sino que dentro de él esa agua se convertirá en un manantial del que brotará vida eterna"* Juan 4:14, NVI. Esto se refiere al alimento y sustento espiritual que Jesús proporciona a sus seguidores. El agua también se menciona en Apocalipsis 22:1, donde se le describe como un río de vida que fluye del trono de Dios.

Por otra parte, el vino también se menciona a lo largo de la Biblia como un recordatorio del sacrificio de Jesús, de la sangre que sería derramada para redimirnos de nuestros pecados. Es un símbolo de su

> Los retos nos impulsan y nos catapultan a una nueva posición de gloria.

gracia infinita y motivo de alegría, celebración y abundancia. Jesús mismo realizó su primer milagro al convertir el agua en vino en una fiesta de bodas, lo que se considera un signo de su poder y generosidad. El vino es la representación del gozo de lo que el "agua viva" hace en nuestras vidas. Es hora de danzar con júbilo y ejercer influencia en el mundo con ese depósito espiritual que Dios ya ha hecho en ti. Él te ha permitido superar pruebas, sobrepasar limitaciones, y aprender de estos procesos. Pero esto no es únicamente para beneficio propio, sino para que te conviertas en saeta en Sus manos, para penetrar territorios que parecen inalcanzables y destruir los planes del enemigo.

Las reinas no pueden ser estériles. Deben poder reproducirse para asegurar la continuidad del reino. Otras reinas se levantarán inspiradas por ti, por tu historia; ¡Dios te ha llamado a inspirar! Ahora tienes la habilidad de influir en los demás para llenarlos de esperanza, a pensar y actuar en forma diferente. Tienes el poder de convertirte en la líder que tú misma estarías dispuesta a seguir.

Dios cubre tus faltas e insuficiencias. Ya no caminas desnuda sino vestida y coronada como toda una reina. Dios te ha coronado *"El que te corona de favores y misericordias"* Salmos 103:4, RVR1960.

El polvo que cubrió tus sueños

Tenacidad, lealtad y compromiso

El compromiso de reproducirse en otros implica unirse al movimiento de mujeres radicales que han decidido seguir el llamado de Dios, sin dejarse paralizar por el miedo, la angustia, la frustración, ni ninguna circunstancia difícil que se presente.

Para inspirar a otras mujeres, es necesario tener una inversión personal en el éxito de alguien más. Se trata de dedicarte activamente porque estás comprometida con lo que Dios quiere hacer. Quizás tú pasaste por una situación similar y te identificas con la realidad de esa otra persona, o porque sabes la transformación que ciertas experiencias provocan en las personas, cuando Dios está en el asunto. Tus propias dificultades superadas te permiten sensibilizarte a la necesidad del otro. Por lo tanto, te alegras de sus logros, pero también compartes sus batallas y tristezas. Te paras en la brecha por tu hermana en Cristo y te dispones a ayudarla a levantarse en su jornada espiritual.

La tenacidad, la lealtad y el compromiso se consideran rasgos valiosos. Aunque para algunas personas sea difícil desarrollarlos, para las reinas contemporáneas estos tres distintivos deben ser parte central de su carácter. Pero en cualquier circunstancia, estos rasgos poco comunes solo los comparten las personas que han vivido bajo el fuego de una dificultad que pone a prueba su carácter.

En el libro de 2 Samuel 21:1-14 encontramos una trágica historia sobre una mujer que demostró tenacidad, lealtad y compromiso. Con sus acciones radicales fue capaz de cambiar su atmósfera.

Rizpa fue concubina del rey Saúl y madre de dos de sus hijos, Armoni y Mefiboset. Después de la muerte de Saúl, David se convirtió en rey y los hijos de Rizpa estaban entre los siete descendientes de Saúl, que fueron ejecutados por los gabaonitas, como expiación por la injusticia que él había cometido ante ellos.

Según la Biblia en 2 Samuel 21:10, Rizpa tomó cilicio, una tela tosca y oscura hecha de pelo de cabra que se usaba como señal de luto, y lo extendió sobre una roca, donde se sentó y vigiló los cuerpos de sus hijos y de los demás descendientes de Saúl durante varios meses. Incluso frente a adversidades abrumadoras, es posible defender lo que es correcto y luchar por la justicia. Ella se negó a permitir que las aves o los animales salvajes tocaran los cuerpos. Sus acciones fueron vistas como una muestra de tenacidad, lealtad y compromiso.

Cuando David se enteró de las acciones de Rizpa, se sintió impulsado a actuar. Ordenó que los huesos de Saúl y sus descendientes fueran enterrados en la

El polvo que cubrió tus sueños

tumba de sus antepasados y también le dio a Rizpa el honor de un entierro apropiado para sus hijos.

Es importante comprender que, en el contexto de la cultura del Antiguo Testamento, tener un entierro adecuado se consideraba muy transcendental. En ese tiempo se creía que el alma de la persona no pasaría a la eternidad, hasta que su cuerpo fuera enterrado de manera respetuosa. Por lo tanto, el hecho de que el mismo Rey David ordenara que se les diera un entierro apropiado a Saúl y a todos sus descendientes fue extremadamente significativo.

La historia de Rizpa a menudo se ve como un ejemplo del amor y la devoción de una madre. Sus acciones para proteger los cuerpos de sus hijos se ven como una poderosa demostración de amor y fortaleza.

A través de este doloroso proceso Rizpa fue transformada y cambió su atmósfera. En medio de la adversidad Dios quiere producir cambios prominentes. Esas situaciones que piensas no poder tolerar pueden provocar un efecto acelerado en tu crecimiento y desarrollo personal. Te pueden hacer más fuerte, resiliente y compasiva. A veces en medio de esas situaciones gritamos desesperadas "¡Ya no puedo más! Yo no quiero ser más fuerte," "¿tengo que pasar por esto para hacerme fuerte?" "¡Señor!, ¡pasa de mi esta copa... si hubiera otra forma!" Decimos esto porque el sentimos que el dolor nos desgarra el pecho y solo pensamos en que no queremos sufrir más. Pero cuando te levantas fortalecida por ese Poderoso Gigante que va delante de ti... ¡No hay obstáculo que pueda detener tu destino!

En la vida de Rizpa se disparó una crisis que produjo cambios. La vida la sorprendió con situaciones agrias y amargas, pero le dieron la oportunidad de ser transformada para generar cambios. Algunas mujeres en su lugar pudieran haber perdido la cordura, pero Rizpa demostró la capacidad de ver más allá, sabiendo que por algún lado había una salida.

> Conviértete en la líder que tú misma estarías dispuesta a seguir.

Cuando enfrentamos desa-fíos, podemos obtener una nueva perspectiva sobre lo que realmente importa en la vida y aprender a apreciar más plenamente las cosas buenas. Podemos aprender nuevas habilidades, y desarrollar la tenacidad para cambiar la atmósfera que nos rodea. Frente a una amenaza de esta magnitud, por instinto humano queremos huir de la situación, nos paralizamos por el miedo que sentimos, o nos enfrentamos decididas a dar el todo por el todo. Pero ¿qué es lo que Dios nos llama a hacer? Nos manda a abrazar Su fortaleza y a

El polvo que cubrió tus sueños

enfrentarnos valientemente a las dificultades que puedan presentarse.

Dios tiene cosas grandes planificadas para su Iglesia y cada uno de nosotros componemos algo dentro de ese plan. Hay que entender que, hay algo que me toca a mí y algo que te toca a ti. Para lograrlo, es necesario tener un alto nivel de tenacidad, lealtad y compromiso.

Rizpa es un ejemplo a seguir. Ella luchó por lo de ella y por los demás. A pesar de la tragedia que llegó a su vida, con la muerte de sus hijos, ella no permitió que los pájaros, ni los animales silvestres, se comieran los cuerpos de sus dos hijos ni los de los cinco nietos de Saúl. Ella tomó su cilicio y se sentó sobre la roca todo el tiempo de la cosecha. Es menester que tomemos nuestro cilicio y nos sentemos sobre la Roca, que es Cristo, mientras luchamos por lo nuestro.

En mi libro *Nada es en vano* también menciono la historia de Rizpa en un contexto más amplio. El sufrimiento de esta mujer no comenzó con la ejecución de sus hijos, sino mucho antes. Ella vivió todo el proceso de la decadencia mental del rey Saúl, su muerte, la pérdida de su propio estatus social y la desgarradora muerte de sus hijos. Por último, sufrió la humillación y la injusticia de ver a los cuerpos de sus hijos, colgados y expuestos para deshonrar a su familia públicamente, con la cruda desgracia que cayó sobre ellos.

En medio de situaciones extremas es posible que no tengamos muchas opciones; por lo tanto, debemos concentrar nuestros esfuerzos en esa acción que sí depende de nosotros. En ese momento, quizá la mejor opción que podemos tomar es la única disponible, pero hay que moverse y no dejarse esclavizar por eso que nos tocó vivir. Rizpa hizo lo único que podía hacer: proteger tenazmente los restos de sus hijos. Pero demostró que la lealtad y el compromiso también eran parte de su carácter, al extender su protección a los restos de los otros descendientes de Saúl.

A veces tenemos que vivir situaciones de pérdidas que afectan nuestra vida, pero que también afectan la vida de otras personas. Es en esos momentos donde tenemos la oportunidad de demostrar la composición de nuestro carácter y defender lo que es justo, aunque requiera un esfuerzo adicional.

Reproducirse en otros significa transmitir hacia otras personas (con o sin intención) los rasgos o valores que uno ha adquirido. Aunque esto puede ocurrir a través de la instrucción directa, la forma más efectiva, especialmente desde una posición de liderazgo, es modelando las actitudes que queremos que sean adoptadas por los demás.

El polvo que cubrió tus sueños

Aprendamos a mirar el presente con ojos agradecidos, para que el impacto de nuestra fe sea sostenible. La fe en Dios nos llena de esperanza y optimismo, deseando ver manifestado Su poder en nuestra debilidad. *"Bástate mi gracia; porque mi poder se perfecciona en la debilidad"* 2 Corintios 12:9, NVI.

Solo de esta forma podemos mirar al futuro renunciando al miedo y ofreciendo a nuestro corazón múltiples razones para seguir adelante sin desmayar.

Capítulo 7
El poder y la autoridad de una reina

La búsqueda de poder es un deseo compartido por muchas personas. En la mayoría de los casos esa aspiración es muy evidente, pero en otros pasa desapercibida, ya que se manifiesta de muchas maneras diferentes. Según la Real Academia Española, la definición de poder es el "Dominio, facultad y jurisdicción que alguien tiene para mandar o ejecutar algo". Es decir, es una capacidad que representa señorío o control sobre alguna persona, grupo social o cosa. El poder es indispensable para un orden social.

El poder y la autoridad, aunque en esencia pueden parecer la misma cosa, cuando me refiero al poder, hablo de la capacidad de dominio que una persona puede tener dentro de una relación social, para cumplir su propia voluntad. Por otra parte, la autoridad se refiere a un derecho adquirido, en virtud de sus cualidades y méritos, para influir sobre una persona o grupo.

El polvo que cubrió tus sueños

El poder tiene la cara de quien lo ejerce porque puede usarse tanto para hacer bien o mal según las intenciones y acciones de la persona o el grupo que lo tiene. Por lo tanto, es la forma en que las personas eligen usarlo lo que determina sus efectos. El poder se puede usar para generar cambios positivos y mejorar la vida de las personas, pero también hemos visto cómo lo han usado para oprimir, explotar y dañar a otros. Según el contexto planteado, la autoridad puede influir en decisiones, pero el poder consigue ejecutarlas.

La búsqueda de poder no es mala en sí misma. Las personas tienen diferentes razones para perseguir sus sueños de dominio, especialmente porque es un recurso necesario para implementar cambios importantes a nivel individual, familiar, comunitario y social.

Cuando las personas se enfocan demasiado en obtener poder, pueden descuidar otros aspectos importantes de sus vidas, como las relaciones, el crecimiento personal o las consideraciones hacia los demás. Por lo tanto, puede conducir a un comportamiento poco ético, como la manipulación, la explotación o el abuso de autoridad.

Por otro lado, la autoridad es otorgada, mientras que el poder podría estar en manos de cualquier persona, independientemente de su posición formal.

Sin embargo, el poder puede ser temporal y puede cambiar de manos rápidamente, mientras que la autoridad se basa en una fuente de legitimidad más duradera. Por ejemplo, el poder que una madre tiene sobre sus hijos termina cuando ellos cumplen la mayoría de edad. Pero, si logró establecer una posición de autoridad mientras ellos crecían, ésta puede ejercer influencia en las decisiones que sus hijos tomen en su adultez, ya que ellos estarán dispuestos a escuchar el buen consejo de la madre.

Nosotras, las hijas del Rey debemos esforzarnos por usar nuestro poder y autoridad de manera responsable y ética, considerando el impacto de nuestras acciones en los demás. *"¡Ay del mundo por los tropiezos!, porque es necesario que vengan tropiezos, pero ¡ay de aquel hombre por quien viene el tropiezo!"* Mateo 18:7, RVA 1960. La búsqueda de poder es una responsabilidad alta y puede ser un arma de doble filo con beneficios y riesgos.

Usar el poder de manera ética es importante porque procura que las acciones realizadas por quienes están en él sean justas y no causen daño a los demás. Esto es, porque busca que las decisiones se tomen en el mejor interés de todos los involucrados, en lugar de solo beneficiar a unos pocos elegidos.

El rol de la reina

El favor de Dios viene con una responsabilidad que está ligada a Su propósito. Por lo tanto, para ser diligentes con nuestro compromiso, es necesario que conozcamos, no solo nuestra identidad en Cristo, sino también familiarizarnos con el llamado de Dios para nosotros, para saber cómo Él quiere que ejerzamos esa posición de autoridad y poder que nos ha entre-gado.

Ester no era la máxima autoridad en Persia, pero su esposo el rey Asuero sí lo era. Según las leyes de ese tiempo y cultura, la influen-cia que ella podía ejercer sobre las decisiones del rey era limitada. Sin embargo, su posición de reina era superior a la del resto de las concubinas y por esa razón tenía acceso a recursos privilegiados que le dieron la oportunidad de destruir los planes de Amán.

El ayuno de Ester no pretendía manipular a Dios con una huelga de hambre, sino buscar el favor, la

> "Hagan lo que hagan, trabajen de buena gana, como para el Señor y no como para nadie en este mundo"
>
> Colosenses 3:23, NVI.

valentía, la fortaleza y la protección sobrenatural de Dios para actuar, a pesar del riesgo que correría su vida al hacer lo que era necesario para salvarse ella y a su pueblo.

Poder cambiar las cosas que están mal y decidir no hacerlo refleja la pobreza del alma, es un acto de injusticia y desamor que es como quitarle al que no tiene, porque le quita la esperanza a quien necesita la intervención y destruye el carácter de quien está al mando. La iglesia tiene poder y autoridad; ¡tú como hija del Rey tienes poder y autoridad! y el mundo necesita que lo ejerzas. No es posible que la iglesia no se levante en contra de la injusticia o de la decadencia social por miedo. La crisis de nuestro mundo requiere que como Ester nos levantemos. Nuestro mundo también ha sido vendido y el malvado Amán busca exterminarlo. Necesitamos reinas que como Ester se atrevan a presentarse al Rey y tome riesgos.

Conociendo tus nuevos recursos

Los recursos son cualquier cosa (tangible o intangible) que podamos usar para lograr una meta u objetivo en particular. Comprender que, al aceptar nuestra capacidad de reinas, tenemos nuevos recursos a nuestra disposición nos ayuda a familiarizarnos aún

El polvo que cubrió tus sueños

más con nuestro llamado porque reconocemos lo que está a nuestra disposición para aprovecharlo. Al identificar y utilizar nuestros recursos de manera efectiva, podemos optimizar nuestros esfuerzos y aumentar nuestra posibilidad de éxito en todo lo que nos dispongamos hacer.

Piensa por un momento, ¿tus acciones son influenciadas por los valores del reino? Si es así, tus nuevos recursos disponibles incluyen el respaldo del Rey de reyes. *"Dios es el que nos mantiene firmes en Cristo, tanto a nosotros como a ustedes. Él nos ungió, nos selló como propiedad suya y puso su Espíritu en nuestro corazón como garantía de sus promesas"* 2 Corintios 1:21-22, NVI.

La cercanía a nuestro Rey nos extiende la posibilidad de pedir grandes cosas *"me qué deseas, reina Ester, y te lo concederé. ¿Cuál es tu petición? ¡Aun cuando fuera la mitad del reino, te lo concedería!"* Ester 7:2, NVI. Atrévete a pedir la intervención de Dios y reconócela en todo momento. Alábale por cada una de sus bendiciones, incluso las más pequeñas, que usualmente pasan desapercibidas. La cercanía al Padre también te da la oportunidad de conocer más de Él para que puedas alinear tus acciones hacia lo que le agrada. Ester aprendió a conocer el corazón del rey Asuero, aprendió sus gustos y a hablarle con sabiduría y gracia.

Las reinas también desarrollamos valentía como parte de sus recursos internos porque Dios nos capacita a través de Su Palabra y las personas que ha designado a nuestro alrededor para enseñarnos. Por esta razón, estamos dispuesta a escuchar nuevas ideas y perspectivas, porque considerar diferentes puntos de vista nos ayuda a tomar decisiones informadas y adaptarnos a las circunstancias cambiantes. Si eres humilde y honesta para admitir tus errores y debilidades, y aceptar la críticas constructivas te ayudará a mejorar sus habilidades de liderazgo y generar confianza con los que te rodean.

Una reina contemporánea puede comprender y relacionarse con las necesidades y preocupaciones de las personas que le rodean. Esto las ayuda a construir relaciones sólidas y crear un ambiente positivo.

Adoptando una estima personal saludable

Tener una autoestima saludable es parte también de los nuevos recursos que adquirimos como reinas, aprendemos que nuestra fe regula la forma en la que nos vemos nosotras mismas. A medida que nuestra fe aumenta, adquirimos la habilidad de reconocer que nuestra capacidad de reinas se nos ha sido dada por gracia para que nadie se crea más que otro.

El polvo que cubrió tus sueños

Encontramos un balance porque la sabiduría quita la arrogancia de nuestro espíritu. *"Porque en virtud de la gracia que me ha sido dada, digo a cada uno de vosotros que no piense más alto de sí que lo que debe pensar, sino que piense con buen juicio, según la medida de fe que Dios ha distribuido a cada uno"* Romanos 12:3, LBLA.

En general, una buena autoestima nos permite tener una buena actitud y esto nos hace mejores líderes porque tenemos una visión positiva, realista y equilibrada de nosotras mismas. Tenemos una identidad restituida por Cristo que nos permite reconocer nuestras fortalezas, pero también nuestras debilidades y limitaciones, sin que esto nos haga sentir devaluadas.

La autoestima es una percepción personal fluctuante, puede crecer y arraigarse en tu ser o disminuir y debilitarte, opacando así tu ánimo y el brillo de tu esencia. Por eso es imprescindible que procuremos avivar nuestra fe, y pedirle a Dios que el Espíritu Santo nos ayude a mantener una estima balanceada. Por último, tener una autoestima saludable, también tiene que ver con saber poner límites.

¡Tú eres una reina única! Solo tú puedes extender la parte del territorio que te corresponde. Reconoce tus cualidades y ¡celébrate! Al mismo tiempo aprovecha cada oportunidad que tengas para analizar lo que debes cambiar para procurar tu bienestar y ser más efectiva en tu desempeño. Si no te gusta tu cuerpo, aprende a mirarte con otros ojos y extiéndete compasión a ti misma. ¡Mira cuánta diversidad hay en la creación de Dios! No dejes que ni la moda ni nadie te haga sentir irrelevante. Eres hermosa y valiosa para Dios. Alimenta tu alma de esa fe que te hace crecer y te ayuda a regular tu concepto propio.

Templada por el fuego de la esclavitud

El fuego de la esclavitud es un proceso doloroso y que puede ser injusto. Para algunos, este fuego representa una niñez espinosa, para otros pueden ser las consecuencias de un error o quizá represente desafíos extremos, injusticias sociales a las que fueron expuestos o condiciones que claramente representan una desventaja para el crecimiento personal y espiritual. Sin embargo, si aprendemos a manejar efectivamente nuestras emociones, estos procesos pueden revelar una fortaleza que no sabíamos que podíamos desarrollar.

La resiliencia es la capacidad de adaptarse y recuperarse de la adversidad, el trauma o el estrés. No es un rasgo con el que las personas nacen, sino una

El polvo que cubrió tus sueños

habilidad que se puede desarrollar y fortalecer con el tiempo. El pueblo Judío, aunque vivía bajo el dominio Persa, técnicamente ya no era esclavo. Aunque sí tenían restricciones propias de una clase social minoritaria que había sido conquistada, en la cual no tenían una libertad absoluta. El control de Persia sobre esta clase social se imponía para evitar sublevaciones sociales y mantenerse en el poder. De cualquier forma, el pueblo Judío sí sabía lo que significaba vivir en esclavitud porque conocían su historia, pero encontraron su fuerza en Dios. De la misma forma, nosotros podemos aprender a desarrollar resiliencia y enfrentar sus desafíos con la ayuda de nuestro Padre. Pablo dice: *"... sabemos que el sufrimiento produce perseverancia; la perseverancia, entereza de carácter; la entereza de carácter, esperanza"* Romanos 5:3-4, NVI.

Cuando finalmente Ester decide extender su petición al rey Asuero, ella le dice, *"Si me he ganado el favor de Su Majestad, y si le parece bien, mi deseo es que me conceda la vida. Mi petición es que se compadezca de mi pueblo. Porque a mí y a mi pueblo se nos ha vendido para exterminio, muerte y aniquilación. <u>Si solo se nos hubiera vendido como esclavos, yo me habría quedado callada, pues tal angustia no sería motivo suficiente para inquietar a Su</u>*

Majestad" Ester 7:3-4, NVI. (Subrayado para agregar énfasis). Esa última parte refleja su corazón resiliente porque expresa que ella reconoce que su pueblo ya le ha tocado vivir como esclavo, y que podían adaptarse a un nuevo desafío, si fuera necesario. Pero el genocidio que había autorizado era un decreto con consecuencias irreversibles que comprometía también la vida de Ester.

Las experiencias (buenas o malas) nos dan herramientas para superar nuevos obstáculos, aprendiendo de ellas logramos construir mecanismos para manejar el estrés y la adversidad. Es importante tener en cuenta que no todos responden a las dificultades de la misma manera, pero como hijas del Padre podemos pedirle a Dios sabiduría para enfrentar los retos y que condicione nuestro espíritu a la transformación que necesita-mos para levantarnos con más fuerza después de pasar por el fuego de la esclavitud.

Una autoestima saludable también tiene que ver con saber poner límites.

"Queridos hermanos, no se extrañen del fuego de la prueba que están soportando, como si fuera algo

El polvo que cubrió tus sueños

insólito. Al contrario, alégrense de tener parte en los sufrimientos de Cristo, para que también sea inmensa su alegría cuando se revele la gloria de Cristo. Dichosos ustedes si los insultan por causa del nombre de Cristo, porque el glorioso Espíritu de Dios reposa sobre ustedes. Que ninguno tenga que sufrir por asesino, ladrón o delincuente, ni siquiera por entrometido. Pero, si alguien sufre por ser cristiano, que no se avergüence, sino que alabe a Dios por llevar el nombre de Cristo. Porque es tiempo de que el juicio comience por la familia de Dios; y, si comienza por nosotros, ¡cuál no será el fin de los que se rebelan contra el evangelio de Dios!" 1 Pedro 4:12-17

Capítulo 8
Preparadas para reinar

Sabemos que ejercer nuestra labor como hijas del Rey es una responsabilidad que exige de nosotras un compromiso permanente y un esfuerzo constante para servir con excelencia. Aunque estemos preparadas, eso puede generar cierto grado de ansiedad porque comúnmente nosotras nos ponemos expectativas mayores de las que podríamos exigirle a los demás. Si tenemos una predisposición a la ansiedad o alguna otra condición que respecta a la salud mental, esto nos puede provocar inseguridad y hacernos sentir miedo a fracasar, o decepcionar a nuestro Padre, o a las personas que dependen de nuestro buen servicio.

Tener este tipo de pensamientos no significa que no estemos preparadas para reinar. Pero si no aprendemos a gestionar efectivamente estas emociones, éstas sí podrían limitar la extensión de lo que podamos hacer. Nosotras tenemos el poder de decidir mantenernos positivas y ordenarle a nuestro cuerpo que se enfoque en lo que queremos lograr, a pesar de los obstáculos y desafíos. *"Destruimos argumentos y*

El polvo que cubrió tus sueños

toda altivez que se levanta contra el conocimiento de Dios, y llevamos cautivo todo pensamiento para que se someta a Cristo" 2 Corintios 10:5, NVI. No a todas las hijas de Dios les toca un reinado como el de Ester, sino que tienen la oportunidad de transformar su atmósfera como lo hizo Rizpa.

Las reinas contemporáneas nos motivamos a nosotras mismas, somos esforzadas y leales. Acostumbramos a establecer metas y a perseguirlas persistentemente hasta lograr lo que Dios nos ha llamado a hacer. Miramos la vida desde una perspectiva con propósito, aceptando los desafíos y sin renunciar a nuestros sueños. *"Esforzaos y cobrad ánimo; no temáis, ni tengáis miedo de ellos, porque Jehová tu Dios es el que va contigo; no te dejará, ni te desamparará"* Deuteronomio 31:6, RVA 1960. Esto implica reconocer nuestras capacidades, confiando plenamente en Dios para que guíe nuestras acciones, nos ayude a desarrollar resiliencia y la voluntad de asumir riesgos y aprender de los fracasos.

Cada capítulo que has leído en este libro te ha capacitado para servir con excelencia en el reino. Dispón tu corazón a disfrutar del proceso que Dios usa para renovar tu pensamiento y llevarte de gloria en gloria. Mantén presentes los principios que has recibido a través de estas páginas y enfócate en lo que está en tus manos hacer. El resto, entrégaselo a Dios y reposa en tu fe.

Continúa orando y aprendiendo la Palabra de Dios para que sigas desarrollando destrezas espirituales y dominio propio. Esto te ayudará a consolidar el propósito de Dios en ti y vivirás en un estado de gozo que provocará en otros el profundo deseo de conocer y relacionarse con Dios. La plenitud que Dios ofrece nos hace ser más productivos y nos ayuda a vivir la vida con mayor sentido y satisfacción.

Sabiduría para defender tus valores con gracia

Si no luchamos por lo que creemos justo, lo más probable es que sintamos un profundo arrepentimiento o una insatisfacción con nuestra propia vida. Porque en un sentido estamos atacando nuestro carácter, y perdiendo una gran oportunidad de marcar la diferencia o de vivir una vida que se alinea con los valores que hemos adoptado, según nuestra nueva naturaleza real.

Si no defendemos nuestros valores seguramente los vamos a comprometer o a permitir que otros tomen decisiones que van en contra de lo que cree-

El polvo que cubrió tus sueños

mos. Esto puede generar sentimientos de impotencia y de falta de control sobre nuestro destino.

Luchar por lo que creemos puede en ocasiones ser peligroso o representar un fuerte motivo para que otros nos rechacen, pero al mismo tiempo es una acción enriquecedora y satisfactoria, porque aun si no tenemos éxito, nos da la oportunidad de sembrar una semilla de nuestra percepción moral y tener un impacto positivo en el mundo que nos rodea.

Defender nuestros valores con sabiduría es una tarea estratégica y no reactiva. Tenemos que aprender a pensar en la cultura que nos rodea y buscar formas de comunicar efectivamente lo que queremos. La reina Ester antes de arriesgar su vida al presentarse delante del rey sin haber sido invitada, se preparó juntamente con el pueblo judío en ayuno y oración.

Tenemos que recordar que con esta acción ella se enfrentaba a la pena de muerte, porque si el rey no extendía su cetro en señal de aprobación, Ester sería ejecutada en ese mismo instante. Peor aún, había un precedente relativamente fresco que aumentaba el riesgo que estaba tomando, ya que la reina anterior había sido destituida por negarse a la petición del rey e ir en contra del protocolo real.

Antes de extender su petición al rey Ester preparó el ambiente adecuado y eligió el momento más oportuno para hablarle. Por alguna razón quizá no vio prudente hacer su petición en ese primer banquete que preparó para el rey Asuero y Amán; pero, de cualquier forma, esta experiencia le permitió identificar, por experiencia propia, las dinámicas sociopolíticas del reino Persa para defender con gracia sus valores.

Ester mostró encanto y elegancia al atravesar el recinto de ese palacio, donde todo está intencionalmente arreglado para exaltar el inmenso poder del rey. Así que esperó que el rey Asuero le otorgara la oportunidad de hacer su petición, y finalmente, en ese entonces, fue cuando ella comenzó a hablar. Primero comienza diciendo, *"Oh rey, si he hallado gracia en tus ojos, y si al rey place..."* Ester 7:3a, NVI. Esta oración es importante porque demuestra que Ester ya logró desarrollar una actitud diplomática. Ella sabía que ya tenía el favor del rey, que había sido aprobada ante sus ojos, pero con esta frase, ella reconoce la grandeza y el poder que él tiene sobre ella. Por lo tanto, reduce

> La plenitud que Dios ofrece nos hace ser más productivos y nos ayuda a vivir la vida con mayor sentido y satisfacción.

El polvo que cubrió tus sueños

el nivel de predisposición que el rey haya podido tener debido a la experiencia con Vasti. Las palabras iniciales de Ester demuestran al rey respeto, humildad y sumisión, antes de hacer su petición formal *"séame dada mi vida por mi petición, y mi pueblo por mi demanda"* Ester 7:3 b, NVI. Así fue como logró exponer la amenaza de muerte sobre ella y sobre el resto del pueblo judío, y señalar a Amán como el perpetrador del genocidio que estaba programado.

La investidura de la valentía

La investidura de la valentía es una concesión formal del derecho de poseer el valor para hacer algo a pesar de que sea difícil, nos cause desconfianza o miedo. Es una habilidad que nos permite asumir riesgos a pesar de la incertidumbre o posibles consecuencias.

Aunque es cierto que cualquiera puede ser valiente, no todas las personas logran desarrollar este rasgo de forma natural. Pero para las reinas, las hijas del Rey, no es una opción sino una orden que debemos cumplir. *"Mira que te mando que te esfuerces y seas valiente"* Josué 1:9, NVI.

La reina contemporánea recibe ese mandato y elige cumplirlo porque sabe que esa orden divina representa la clave para conquistar los territorios espirituales de su tiempo. *"Se reviste de fuerza y dignidad, y afronta segura el porvenir. Cuando habla, lo hace con sabiduría; cuando instruye, lo hace con amor"* Proverbios 31:25-26, NVI.

Las personas pueden ser consideradas valientes cuando demuestran una fuerte disposición a defender lo que creen, cuando sale de su zona de comodidad y afrontan los retos con una actitud decidida.

Vasti fue la reina que el rey Asuero destituyó antes de elegir a Ester como reemplazo. Se podría pensar que Vasti pertenecía a alguna noble familia en Persia, pero su nacionalidad, linaje y parentela no son referidos en la historia Bíblica. El único incidente en el que ella figura, la revela como una estrella de integridad y valentía en un firmamento negro de sensualismo y ostentación orientales.

La historia Bíblica comienza presentando a Vasti en el apogeo de su fortuna como la reina de Persia Imperial, la cual, en ese entonces correspondía a casi todo el Medio Oriente.

Comienza la historia hablando sobre un banquete de apertura que se celebró para inaugurar una campaña de planificación militar que el rey Asuero condujo para gloriarse de las riquezas de su reino y planificar estrategias de expansión. Al culminar la campaña, decidió ofrecer otro banquete que duró 7 días para celebrar tempranamente las victorias

El polvo que cubrió tus sueños

proyectadas. La Biblia cuenta que *"Todos los invitados podían beber cuanto quisieran, pues los camareros habían recibido instrucciones del rey de servir a cada uno lo que deseara"* Ester 1:8, NVI. Por esta razón, es lógico pensar que el jardín interno del palacio donde se celebraba el banquete estaba lleno de hombres intoxicados con el vino real que "corría a raudales".

La Biblia dice que la reina también ofreció un banquete para las mujeres del palacio, y que al séptimo día el rey Asuero mandó a buscarla para exhibirla delante de todos los hombres presentes en el banquete del rey, pero ella se negó a ir. A este poderoso rey una mujer coronada de influencia se atrevió a decirle que no. Ya Asuero había hecho ostentación de todo lo que tenía, ahora quería colmar la celebración presentando ante la mirada vulgar de todos los borrachos a su bella esposa, pero ella defendió su dignidad a cualquier costo. En honor a la decencia, no cumplió con lo que el rey quería. Ella sabía que tendría que afrontar consecuencias, pero se paró firme, aunque no tuviese el apoyo de nadie. Eso se llama tener dignidad, excelencia, realce, respetabilidad, decencia y honra.

Ahora te pregunto a ti como reina contemporánea ¿Qué vamos a hacer con los Asueros de nuestro tiempo? ¿Qué haremos con nuestras niñas y la exposición que tienen a la propaganda sexual que está a la vista de todos? Es necesario enseñar a nuestras princesas a manejar la presión de grupo, a aprender a decir que ¡no!

Tenemos que levantarnos en contra de la campaña diabólica e infernal que se ha desatado para desvestir a la mujer. El enemigo siempre quiere descubrir, pero Dios nos cubre persistentemente. Es casi imposible mantener pensamientos puros ante muchas de las modas existentes, y esto no se trata de legalismo, sino de modestia. Es nuestra responsabilidad hacer algo para salvar los valores que están en peligro de extinción.

A Vasti su valentía le costó la corona, pero la dignidad de una mujer vale más que todas las joyas y las piedras preciosas sobre su cabeza. La dignidad vale más que el reconocimiento, y con esta actitud tengo el poder para influenciar a mi generación.

No había precedente para corresponder al aprieto en el que Vasti puso al reino. Pero el rey tenía que tomar una acción debido a la presión de la corte, ya que la acción de la reina había puesto la autoridad del rey en tela de juicio, ya que podía causar una sublevación de las mujeres en Susa.

Aunque antiguamente se veía a Vasti como una rebelde, al analizar el texto bíblico a profundidad nos damos cuenta de que ella dignificó el género femenino con una decisión no negociable en defensa

El polvo que cubrió tus sueños

de la dignidad. Tú también estás llamada a hacer posesión de la investidura de la valentía de una reina, para atreverte a tomar decisiones poco populares, que no sigan la moda del día ni correspondan a la corriente del mundo. Revístete de fuerza y dignidad, y afronta segura los retos en defensa a los valores del Reino. Ríete del futuro en la plena confianza que Dios te acompañará.

Estrategias para conquistar

Estoy totalmente convencida de que no ha existido otro tiempo más interesante y significativo para la mujer que el tiempo que estamos viviendo. Dios está levantando un ejército, una compañía de mujeres coronadas de influencia. *"No tengan miedo, mi rebaño pequeño, porque es la buena voluntad del Padre darles el reino"* Lucas 12:32, NVI. Las reinas contemporáneas tienen una personalidad resplandeciente. No se enfocan únicamente a soportar, responder, beneficiarse o adaptarse al cambio, sino que también se atreven a provocarlo. ¿Sabes cómo se logra eso? Se logra con la influencia para influir en otros. Atrévete a ser una de esas líderes efectivas que también se saben someter. ¡Eres escogida! El Rey te ha designado para reinar, y te ha dado la autoridad para gobernar, atar y desatar. Estamos llamadas a vencer los desafíos y las trampas del enemigo. A desarrollar la sagacidad para descubrir las agendas escondidas detrás de acciones aparentemente buenas y derrumbar los valores contrarios al orden del reino. Esto implica atrevernos a ver desde el lente de Dios para identificar los cambios que debemos provocar y tomar los riesgos y sacrificios necesarios para sacudir el fundamento de las mentiras del mundo y abrazar la victoria que el Padre nos quiere dar.

Las reinas de nuestro tiempo tenemos que mantenernos al día a medida que el mundo evoluciona debido a los avances tecnológicos, los cambios económicos, ambientales y geopolíticos. Esto nos ayudará a mantenernos relevantes y a provocar cambios en nuestra atmósfera, lo que se manifestará en transformaciones sociales y culturales inclinadas a una concientización de la necesidad de satisfacer la necesidad espiritual de un mundo que no puede reconocerla por sí mismo.

Además, mantenernos al día con los cambios en el mundo fomenta nuestro crecimiento personal. Al capacitarnos constantemente podemos desarrollar nuestro pensamiento crítico e identificar las necesidades que prevalecen en nuestro entorno. Esto nos

El polvo que cubrió tus sueños

ayudará a crear estrategias para satisfacerlas con los recursos que el Señor provee y a través de una perspectiva de reino. A medida que el mundo se interconecta más, es importante la comprensión de los eventos, las culturas y las perspec-tivas globales.

¡Para esta hora hemos sido llamadas! Dios está haciendo cosas increíbles a través de la mujer. Hoy hay mujeres ocupando posiciones en el mundo y en la sociedad que eran consideradas exclusivas para los hombres, pero Dios ha venido preparando el escenario. Él ha venido creando las vacantes, esta-bleciendo la necesidad y está sacando a sus reinas coronadas. El proceso ha sido largo, pero ¡bien ha valido el esfuerzo! Era necesario liberarnos y sacar la reina de dentro de la huérfana, suavizar las áreas ásperas de su vida, adiestrarla, formarla, moldearla, enseñarle el lenguaje y protocolo de la corte y capacitarla para actuar estratégicamente. ¡Estás lista para reinar! Despliega la grandeza del Señor con tu servicio y disfruta de la recompensa de vivir una vida con propósito, dirección y destino, bajo la cobertura de tu Rey.

> Tú eres una joya valiosa que brilla con una luz especial.

Otras publicaciones de la apóstol Myriam Saldaña

MULTIDIMENSIONAL: Es un libro de liderazgo y administración de iglesias o ministerios que ofrece soluciones para crear estrategias para crecer y alcanzar nuevos territorios.

EL AYUNO. Un impulso hacia lo extraordinario: Nos brinda una perspectiva fresca sobre cómo el ayuno nos ayuda a establecer el tipo de relación que necesitamos tener con Dios, para que Él pueda moverse dentro de nuestro ser para perfeccionarnos en Cristo y extendernos hacia las bendiciones infinitas de Dios.

NADA ES EN VANO: Es un libro que invita a descubrir los procesos restauradores de Dios y caminar en victoria total. Descubrirá que muchas de las dificultades que experimentamos, forman parte del proceso que Dios ha determinado, pero que nuestra victoria está garantizada.

Made in the USA
Columbia, SC
16 September 2023